U0925423

圣严法师◎著　单德兴◎译

禅的智慧

华东师范大学出版社

图书在版编目（CIP）数据

禅的智慧／圣严法师著. —上海：华东师范大学出版社，2013.1

ISBN 978-7-5675-0236-9

Ⅰ.①禅… Ⅱ.①圣… Ⅲ.①禅宗-通俗读物 Ⅳ.①B946.5-49

中国版本图书馆 CIP 数据核字（2013）第 015279 号

台湾法鼓山文教基金会授权
华东师范大学出版社有限公司独家出版简体中文版

上海市版权局著作权合同登记 图字：09-2012-904 号

禅的智慧

著　　者　圣严法师
项目编辑　许　静　储德天
特约编辑　邱承辉
审读编辑　王风扬
封面设计　吕彦秋

出版发行　华东师范大学出版社有限公司
社　　址　上海市中山北路 3663 号，邮编 200062
网　　址　www.ecnupress.com.cn
电　　话　021-60821666　行政传真 021-62572105
客服电话　021-62865537（兼传真）　门市电话　021-62869887（邮购）
地　　址　上海市中山北路 3663 号华东师范大学校内先锋路口
网　　店　http://hdsdcbs.tmall.com

印 刷 者　北京京都六环印刷厂
开　　本　880×1270　32 开
印　　张　8
字　　数　220 千字
版　　次　2014 年 1 月第 1 版
印　　次　2017 年 1 月第 3 次印刷
书　　号　ISBN 978-7-5675-0236-9/B.751
定　　价　28.00 元

出 版 人　王　焰

（如发现本版图书有印订质量问题，请寄回本社市场部调换或电话 021-62865537 联系）

禅的智慧

目　录
Contents

中文版序

译者志

英文版第二版序

第一篇　佛法

佛教徒是什么 / 003

有情众生 / 010

自我 / 020

因缘 / 024

五蕴与意识 / 031

业 / 039

五戒 / 044

戒律与业 / 050

禅是宗教吗 / 055

修习佛教与其他宗教 / 060
佛像 / 065
佛教的功德观 / 070
菩萨与阿罗汉 / 077
佛教与死亡 / 081
末法时代 / 089

第二篇　日常生活中的修行

老师的重要 / 095
单独修行·集体修行·随师修行 / 107
每日打坐之道 / 113
日常生活中的修行 / 122
修行的见解比修行本身更重要吗 / 131
知识障碍修行吗 / 137
中国禅与日本禅 / 142
禅与荒诞不经 / 151
禅病 / 156
禅与心理治疗 / 162
为什么要读经 / 169
禅与民族文化 / 174
佛教的娱乐观 / 179
诗歌与王维 / 186
责任与修行 / 191

在非佛教的社会中培育佛教的子女 / 197
老年人与禅修 / 203
佛教与财富 / 208
开悟持久吗 / 211

第三篇　附录

礼佛 / 219
梦 / 225
安乐死与自杀 / 231
佛教、道德与医学科技 / 237

中文版序

我一向认为，“感应道交”是不变的真理，如果孔夫子没有优秀的门人和他对话，像《论语》这样的儒典是不可能出现的；如果释迦世尊没有杰出的诸大弟子向他请法，像大小诸乘那样的佛经，也是不容易出现的。此诚如人叩钟，大叩则大鸣，小叩则小鸣，不叩则不鸣。

我很惭愧，比起儒释二家的圣人，不仅不堪喻为洪钟大吕，甚至连一把小铃也不是，可能只是一块顽石吧！所幸我有诸佛菩萨给我启示，以及一些资质优秀的师友和弟子给我催化，因此使我依据佛法的智慧，解答了一些初机学佛人的疑问。

在台湾，我曾应《菩提树》杂志的要求，解答了七十个问题，辑集成书，名为《正信的佛教》。又曾为《人生》杂志提供了每期一篇的专栏，后来集印成书，即是《学佛群疑》，这两本书很受中文读者们的欢迎。

我在西方社会中弘扬佛法，也发行了一份英文的季刊 *Chan Magazine*，它的编者和读者群，同样希望我能就他们于西方社会的学佛生活中所遇到的疑难，给一些指点。他们有一组人，预先设想了一个一个的问题，每周一个晚上，用两个小时，坐在纽约禅中心的地板上，围绕着我，轮番发问。逐篇刊出后，编成一书，名为 *Zen*

Wisdom。

事先，大家已有共识，我早就声明，我欢迎他们提出任何想问的问题，我虽不可能全部都有答案，但我一定知无不言，言无不尽，若不知者，便不作答。如果发现我解答得不够清楚，允许他们反复追问。

在西方文化中成长的人，毕竟比较直率，对于某一个感到困惑的问题，往往会从各自不同的层面来追求答案，他们不必顾虑适合不适合由我来解答，都会向我发问。有时相当深刻，有时极其敏感，也有时看来比较肤浅，却又是大家都关心的问题，有时也会出现一些意想不到的并具有挑战性的问题。凡此种种，都能使我感到欣喜，甚至会发现我也有大叩则大鸣、小叩则小鸣的反应能力，纵然在平日从未想到过的答案，竟然会从我的口中流露出来。因此，我对那段日子的 Dharma View 小组集会，直到现在，依旧记忆新鲜。目前，我在西方，另有一批资质相当优秀的弟子，也正酝酿一个类似于 Dharma View 的小组，集中某些焦点，准备跟我讨论，如果因缘成熟，也许还会出版一册叫做禅什么的英文书呢！

我们非常有福气，“中央研究院”的研究员单德兴教授，花了很多心血，把我先后两种版本的英文著作 *Zen Wisdom* 重新考订修正，集译成了这一册中文版，共计三十九篇。为了避免引起不必要的误解，在出版前，我又将部分内容略做删修，因此它的面貌，与英文原著已稍有不同。借本书与中文读者们见面的机会，谨向译者及相关的诸君致谢。

圣　严

2003 年 4 月 24 日序于美东象冈道场

译者志

《禅的智慧》英文本初版于1993年12月问世，至1999年4月共印行4次，在英文世界拥有一定的读者群。圣严法师中英文著作等身，本书为与西方人士的对话录，尤具特色。其实，师父以往不乏问答形式的作品，但大抵止于一问一答，且多以书面为之。针对时人关心的佛法与相关议题深入对话，辑录成书，《禅的智慧》堪称第一本。由于对话地点是在西方，面对的又是文化、社会、生长背景、知识环境、思维方式殊异的佛教徒、非佛教徒或异教徒，如何善巧地解惑、弘法，实为巨大挑战。

国人讲求尊师重道、反躬自省，面对一代高僧，罕于打破沙锅，追究到底。西方人没有这些文化上、心理上的包袱，不迷信权威，一切唯理是从，唯法是问，通过反复叩疑、诘难，逐步解开心中疑团；法鼓老人名副其实，大击则大鸣。这些回答是多年闻思修佛法、参透世理人情的智慧与慈悲的结晶，互动过程的真诚、活泼，以及时而的幽默，也显露出师父的特色。总之，本书结合了正信的佛法，圆融的世理，练达的人情，以一贯恺切、明晰的方式，回应当代人的知性及心灵需求，处处表现出以佛法为依归，以人本为诉求的人生佛教精髓。

由于原书颇受欢迎，为了精益求精，经果谷师悉心增补，以期充分表达师父的正见。增补稿于出版前又经专人仔细修订，文字更加通畅，条理更为清晰。身为译者，有责任向读者说明此书的版本以及中译本的经过与特色。

本书的内容最初为师父在纽约东初禅寺与修习禅坐者的法谈，誊稿先刊登于《禅杂志》，其后有三个版本。第一个版本是 1993 年由纽约的法鼓出版社印行的《禅的智慧：知与行——与圣严禅师的三十八篇对话录》〔*Zen Wisdom*：*Knowing and Doing*，*Thirty - eight Conversations with Chan Master Sheng - yen*（New York：Dharma Drum Publications，1993）〕。第二个版本就是前面提及的增补版，序言署于 1998 年 1 月，一般读者无缘目睹。第三个版本则是 2001 年同时由法鼓出版社与美国加州柏克莱的北大西洋出版社印行的《禅的智慧：佛教对话录》〔*Zen Wisdom*：*Conversations on Buddhism*（New York：Dharma Drum Publications and Berkeley，CA：North Atlantic Books，2001）〕。

由于英文先后有三个版本，因而中译也有两个版本。译者于 1998 年 8 月至 1999 年 8 月前往英国伯明翰大学（University of Birmingham）进行一年研究访问。先前阅读此书初版，获益良多，遂发心移译为中文，并获师父首肯。后来得知此书已完成增补，比初版更为充实。1998 年 9 月接到果谷师自纽约寄来的列印稿后，便利用研究之余，在笔记本电脑上进行翻译，字斟句酌，仔细咀嚼，悉心回味，深入师父的智慧法语，为异国生活平添不少安定的力量，回国之后不久便交出全稿，并于 1999 年 12 月开始在《人生》杂志逐月刊载。英文修订版则于一年多之后才出版，因此连载的中译根据的是列印稿。

“禅的智慧”专栏自2000年1月至2003年4月连载于《人生》，前后四十期（197至236期），总共三年四个月。在《人生》刊出时，经编辑加刊头语、标题，略事润饰，并协助若干专有名词的中译。连载期间颇受读者欢迎，频频询问出版单行本的事宜。此番趁出书之际，先请吕洁桦小姐协助比对列印稿与修订版，标示异文，译者再对照修订版逐字逐句修改前译，以期忠于最新版本，并方便有心人参照原文。对列印稿有兴趣的读者，则可参考《人生》上的中译。

初版除了序言和书末的专有名词之外，内文分为修行（Practice）、哲学与教义（Philosophy and Doctrine）、社会议题（Social Issues）三部分，各为十六、十二、十篇，总共三十八篇。列印稿略去原书第一篇，总计三十七篇。修订版将内文重新分类、排序，分为佛法（Buddha Dharma）、修行与日常生活（Practice and Daily Life）两部分，各为十五及十九篇，总共三十四篇。

相较于初版、列印稿，修订版的英文更洗练，条理更清晰，版面更清爽，可以看出编辑的用心与专业。例如，《知识障碍修行吗》中有关两个喇嘛的故事，只是删去几个字，就显得合理许多；《禅病》全盘调整顺序，条理更为顺畅。有些修订不限于同一篇，如原先《日常生活中的修行》结尾有关业力的问答，修订版改纳入《业》；原先《日常生活中的修行》结尾的问答，改纳入《每日打坐之道》，都更适得其所。若干篇名的更动，如《你是佛教徒吗》改为《佛教徒是什么意思》，《师生关系的重要》改为《老师的重要》，《禅与心理分析》改为《禅与心理治疗》，《文化与历史对禅的影响》改为《禅与民族文化》，《老年人的禅修》改为《老年人与禅修》，

《开悟值得吗》改为《开悟持久吗》，都更显得贴切。此外，编辑固然添加了《有情众生》一篇，但为了精简篇幅，也删去了五篇（《礼佛》、《梦》、《佛教与堕胎》、《安乐死与自杀》、《佛教、道德与医学科技》），少数内文或因国情不同，或因英文读者兴趣不高，也有删节。

中文本既然没有篇幅上的严格限制，当然以充分呈现师父的原意为依归，因此纳入先后两个版本的序言，添加《有情众生》一篇，将修订版删去的五篇依列印稿译出，作为附录，并以“译按”注明版本中较重大的异文（如，纳入初版中具参考价值、却被修订版所删除者，第一篇末讨论日莲宗之处便是一例），至于文句的修订因过于繁琐，则不特别注明。读者比对先后版本，便知分晓。

总之，《禅的智慧》中文版已不只是翻译，而是比对、校勘、综合不同版本，探求师父原意、考量读者需求的成果，既有修订版内容的增添、条理的通畅、文字的精要，又保留了初版值得参考之处。至于圣严师父为中文本撰写的序言，更是此书的特色。因此，中文本比英文的任何一个版本都更丰富。

由于《禅的智慧》先后有三个英文版本，本书出版前又另有中译连载，特此说明，并邀请有缘人共享禅的智慧。

单德兴

2003 年 2 月 22 日于台北南港

禅的智慧

英文版第二版序

我从台湾来到美国，开始指导西方人禅修之后不久，弟子们就决定出版一份有关佛教观念的季刊——《禅杂志》（*Chan Magazine*）。后来其中固定出现的若干文字就成了“法见”（Dharma View）这个专栏，由禅中心的成员向我提出有关佛教的问题，由我即席回答。第一个问题是：“佛教对于自我的观念如何？”我可以用一句话就回答了，如果那样的话，这个专栏当时就告终了。但我决定更仔细地回答。自那之后，弟子针对许多的议题提出了许多问题。我们把出现在“法见”的这些文章辑为《禅的智慧》一书，目的在于帮助其他有类似问题的人找到一些答案和指引。

就某个意义而言，《禅的智慧》符合佛教的传统，因为许多佛法就是两千多年来通过师徒之间的对话来阐明的。在佛经中，弟子和菩萨为了众生而向佛陀发问，佛陀予以回答。禅师对于弟子有关修行与了悟的深入问题，一向抱持开放的态度。好奇和怀疑的心态并不限于现代，甚至在佛陀的时代，许多人都无法立即、毫无疑问地接受佛陀全部的教诲。其实，怀疑是人之常情。再者，有些事情如果没有直接的体验，实在很难、甚至不可能了解。

有些弟子要求我更充分地解释佛法。这很好，因为全盘接受我的说法，这种态度是有问题的。即使人们有相同的语言、训练、文化，都还可能产生沟通不良的现象。那像我这样来自台湾的中国和尚，向大多是说英文的在家弟子讲课，可以想见犯错的空间大得多了！因此，如果弟子不问我，到头来可能得到的是错误的信息。幸运的是，弟子在我回答不明确时会要我澄清，举出例证，让事情不致显得那么神秘或抽象。为此，我感激我的弟子们，因为他们愈是要求我解释清楚，就愈对所有的人有益。

一般说来，这些问题和接下来的讨论都是自动自发的。上课时先打坐，打完坐，“法见”的编辑以特定的问题开启对话。有时是当场提出问题，有时则事先告诉我题目（**译按：只有《诗歌与王维》一章是一周前就知道问题的**）。

这些文章在《禅杂志》逐篇刊出多年，此番结集出书时分为两部分：“佛法”与“修行与日常生活”。佛法的部分多少讨论佛教的观念与教义，修行的部分多集中于把教义运用在修行和日常生活上。这种分类方式绝非截然划分，而是有许多彼此跨越之处。每篇文章自成单元，但也有彼此相关之处。所有文章不是依当初刊出的年代顺序排列，而是基于编辑的考量。因此，这本书不必从头读到尾，也不必按照顺序阅读。

我们并没有尝试触及有关佛教的所有议题，但我希望这些对话能帮着回答读者的一些问题。我确信他们会提出更多的问题，而且有些人会不同意我的回答。那也很好，佛教要维持活力，就必须接受检视。我的观念不是金科玉律，我只是一位佛教僧侣，谦虚地提供一己的见解，给那些有问题的人。如果这本书回答了你的一些问题，澄清了一些误解，或激励你禅修，那么我的愿望就达成了。

我既不是无所不知，也不是西方文化的专家。我是佛教的法师，承袭了禅宗两个宗派（曹洞宗与临济宗）的传承。“传承”意谓我的师父肯定了我的修行体验。我具有佛教的文学博士，以中英文发表过有关佛教的文章。我没有宣称我的答案是终极的真理，然而，禅是超越时空的。虽然我的回答来自于一辈子的研究和训练，但我相信没有违背佛法。

佛教的原则是普遍的，但随着散播世界各地，许多佛教的外在方面已经有所改变。佛法随着人和历史而演化，这是良好、自然的现象。佛法并不是开悟的状态。佛教的普遍真理无法传授，或以知性的方式学得。法的目的就是指出更好的生活、开悟与解脱之道。但人们经常执著于法所表达的文字及方式，那就像把指月的手指误认为月亮一样。

有些人相信禅多少有别于佛教。其实，禅就是佛教，禅是修行佛法的许多法门之一。有时从我说话的方式，好像禅与佛教是不同的，如果这造成混淆，我在此道歉。佛教的途径众多，层次繁复。然而，禅的途径以素朴、直捷著称。由于禅没有装饰，也许看起来不像佛教，其实不然。我希望如果有误解的话，以上的说法能加以澄清。

如果我的回答和意见有误导或冒犯任何人的地方，谨此表示歉意，但并不为答案本身致歉。我所说的全是我相信是真实的。再者，英文本身的限制来自于没有充分表现男女两性的中性代名词，在（英文版的）回答中，编辑已经尽其所能地去除这些情况。

佛教也被人批评有性别歧视。在佛教祖师的长久传承中，我无法为每一位发言，但文化与时代一直在改变。在美国，佛教会沾上一些美国的价值，而且受到它的影响。我把这个迈向性别平等的运动，视为早该到来的正面措施，对佛教而言也是改进。至于行文中的“师父”一词，只是中文里对“老师”的尊称。

《禅的智慧》第二版与第一版不同之处，主要在于文章的顺序，以及因为篇幅之限所做的一些修整。

第一篇

佛　法

佛教是释迦牟尼佛教给弟子的，包括了哲学的观念和修行的方法。因此，佛教徒是根据佛陀的教诲来修行的人，而佛陀教诲的要旨是四圣谛和八正道。真心诚意奉行这些原则的人，以及能够完全遵循这条道路的人，就会使自己的人格完美，得到解脱。

佛教徒是什么

问：人们问我："身为佛教徒是什么意思?"我经常不晓得如何回答，如果我说我是佛教徒或我相信佛教，那是什么意思?

师：简单的回答就是：佛教是释迦牟尼佛教给弟子的，包括了哲学的观念和修行的方法。因此，佛教徒是根据佛陀的教诲来修行的人，而佛陀教诲的要旨是四圣谛和八正道。真心诚意奉行这些原则的人，以及能够完全遵循这条道路的人，就会使自己的人格完美，得到解脱。

一般说来，修行主要包括了三方面的努力：持戒、修定、得慧。佛教徒努力要掌握这三方面。

佛教的外在形式表现在三方面：佛、法、僧。佛是释迦牟尼佛，也就是历史上的佛陀；法是佛陀的教诲、教训、方法；僧伽是佛教团体，不只包括了出家人所组成的团体，也包括了在家修行的居士。虽然佛教把出家的比丘和比丘尼视为僧伽的核心，把在家的修行人视为外围，但如果没有在家的团体，出家的团体也就无法存在、发挥功能。没有这些因素，佛教就不可能存在。因此，佛、法、僧称为三宝。

所以，在家的佛教徒也是僧伽的一部分。在家人修行戒律、禅定和智慧，这些是法的一部分，也包含在八正道中。八正道包含了所有的佛教徒——不管是出家众还是在家众——所应遵循的原则：正见、正思惟、正语、正业、正命、正方便、正念、正定。

如果持守戒律，修习禅定，得到智慧，在生活中奉行佛陀的教诲与观念，就可以自称为佛教徒。即使还没完全投入佛教，但有心遵循佛法，也可以视自已为佛教徒。其实很难立即完全热心接纳佛教的每一面，而是渐进的过程。但是如果有心行佛道，而且动机与意图纯净，就可以自称是佛教徒。另一方面，如果连释迦牟尼佛基本的教诲都不了解，不能修习方法、奉行戒律，就不该自认是佛教徒。

让我们更仔细地讨论戒律、禅定和智慧。戒律是一般的道德原则。佛教里有许多戒律，但所有僧伽成员共同奉行的则有五条：不杀生、不偷盗、不邪淫、不妄语、不饮酒或服用毒品药物。这里不拟深入解释（详见《五戒》一章），只强调佛教徒应该试着遵行五戒，尤其是第一条不杀生戒。

禅定就最普遍的意义来说，就是心的训练。禅定分为很多层次，而进入禅定的方法则更多。真正的佛教徒应该至少修行一种禅定的方法。

智慧和禅定一样有许多层次。一个人可以借着听闻佛法（听法师或在家的修行人说法）得到智慧，也可以借着读经、读论、修习禅定，甚至只是持戒，得到智慧。得到智慧最简单的方式，就是听闻佛法。以知性的方式来了解佛法的观念和原则是重要的，佛教徒至少应该从这个层次的训练开始。

成为佛教徒并不困难。如果奉行上述的全部或一部分，就是佛教徒。只要对佛法有基本的了解、有心修行，那就够了，并不需要达到完美的境界。如果完美的话，就已经成佛了。例如很可能这里的每个人都是佛教徒，否则为什么会在日常行程之外，到禅中心来听我说法？

我要说的另一件事就是，可以借由皈依合格的法师，而明白表示要修行佛道。皈依是一个简短的仪式，只要颂念："皈依佛，皈依法，皈依僧。"这些是宣告你有心追随佛陀的法教，承认僧伽是你皈依的地方。

问：身为在家的修行人，我不觉得自己像是真正的佛教徒，我觉得只有出家的法师才是真正的佛教徒。

师：你不该那么觉得，不该认为只有出家的修行人才是真正的佛教徒，而你只是准佛教徒。你们大家都是真正的佛教徒。在释迦牟尼佛的时代，有许多出家的弟子，但在家的修行人更多，今天的情况也是一样。

在小乘的传统中，有四种成就的层次：初果须陀洹，二果斯陀含，三果阿那含，四果阿罗汉。这里不讨论这些，只是要指出，一般的修行人能到达前三个层次，而那之后，自然会放弃世间的欲望而出家，寻求得到阿罗汉果。在大乘的传统中，菩萨可以以出家众或在家的修行者的身份示现，而且在大乘传统中也有许多著名的在家居士。

我想，我知道你为什么觉得困惑。如果出家的修行者和在家的修行者都是真正的佛教徒，那为什么又需要有比丘和比丘尼？那是投入的问题。在家的修行人另外有家庭的重任，容易受到家庭和社会产生的问题所干扰，不能全心全力投入修行。相反的，比丘或比丘尼能全力专注于修行及弘扬佛法。

问：有时你说佛教的观点和禅的观点没有不同，但有时你又区分传统的佛教和禅宗。佛教中有许多不同宗派，宗派之间是否有很大的不同，还是说基本上是相同的？

师：其实，过去佛教的宗派比现在还多。之所以会有那么多宗派，释迦牟尼佛在世时就已经播下了种子——这些其实都来自释迦牟尼佛最亲近的弟子各自弘扬佛法。佛陀的每个弟子都以自己独特的方式来修行，而这些方式视他的个性、才能而定。阿难有兴趣于听闻佛陀的教诲，大迦叶有兴趣于苦行，优波离长于持戒，有的弟子长于辩论经典、开发神通。所以，打一开始就存在着许多不同的情况。

当不同的法师把佛教引进中国时，他们使用某些经论，结果就发展出不同的宗派，存在着许多不同的修行形式，每一种都诉诸特殊的兴趣。在唐代之前（618 至 907 年），中国有许多佛教宗派，但到了唐末，修行的方法主要剩下禅宗和净土宗。

禅宗和净土宗有没有重大的差异？在日本有很大的不同。禅宗和净土宗传到日本的方式，就像佛教从印度传到中国一样，在这个过程中产生了一些变化。日本出现的宗派带有当时开山祖师的特殊性格，因此在日本，禅宗和净土宗是截然不同的宗派。

在韩国，净土宗甚至不存在。韩国虽然存在着一些哲学的学派，像华严宗和天台宗，但唯一的修行方式就是禅宗。日本、韩国的佛教徒看中国佛教，很奇怪为什么禅宗和净土宗能如此和谐共存？其实，禅宗和净土宗在中国一起发展，在唐代是不同的宗派，但到了宋朝末年就合流了。所以今天，净土宗的佛教徒使用禅宗的方法，而禅师也不反对净土宗的方法。

其实，“净土”一词直到最近才在中国历史出现，它是引用自日本。在那之前，使用净土宗修行法门的人都自称是莲宗，因为这一派的信徒主张每尊佛都坐在一朵莲花上，因此在修行时可以用任何一尊佛的名号。今天由于他们修行时只念阿弥陀佛，因此这个修行方法被称为“念阿弥陀佛”。但是，过去中国人把这种方法称为“念佛法门”，因为不限于阿弥陀佛。

有人说，今天中国没有禅了，我不同意这种说法；佛教依然存在，佛教的修行与禅是分不开的。如果在修行净土时，达到一心不乱的层次，心无妄念，这和禅修达到的集中心是一样的。

禅有顿法和渐法。通常是以渐法（如诵念阿弥陀佛的圣号）达到一心；在达到一心的层次之后，禅师就可以用话头来引起修行者的疑情，这时修行的方法就由渐法转为顿法。

禅宗有个说法：“大疑大悟，小疑小悟，不疑不悟。”即使长期认真修行，但并不就能保证开悟。虽然修行是功不唐捐，但许多人缺乏信心、决心来追寻顿法。对这些人来说，净土宗是很好的，因为至少有机会往生净土。因此，对于无法像禅宗那样严格要求来修行的人，净土是很好的方便法门。

这并不是说，净土的修行者无法达到高深的层次，因为最高深的层次就是体验到处处都是净土，这是心灵的净土，修行者知道自己的本性也就是释迦牟尼佛的本性，这和禅宗的开悟没有两样。

从众生的观点来看，禅宗里的各门各派也有许多不同的地方，就像禅与净土之间有许多的不同。但从佛的观点来看，所有佛教的法门都是一样的，殊途同归。因此，所有的方法都是佛教的修行方法，所有符合法的教诲都是佛教的教诲（**译按：以下各段见于初版，**

未见于修订版)。

问：日莲宗是不是真正的佛教宗派?

师：这个宗派即使在最好的状况时，都称不上是佛教传统的宗派，因为它以宗派的创始人来取代历史上的佛陀。在最差的状况时，这个宗派根本算不上是佛教，因为它是日本民族的宗教，以不同的形式存在了几百年。创教者所处的13世纪，当时佛教已风行日本。而日莲在弘法的时候说，只有他的教法是真正的佛教，其他宗派都背离了真正的佛法。他认为任何人只要念佛，就会堕入地狱，还说禅修者是追随天魔的教诲。

日莲的用意是要排除其他的佛教修行方式，只留下自己的宗派，但他失败了。这种极端的作法只不过使其他的佛教宗派联合起来反对他，而他本人几乎遭到处决。

在后来的几百年中，他的宗教有所转变，追随者了解到他的教诲有多么极端，而回归传统的佛教。但第二次世界大战后，这个宗派的佛教徒决定要有一些日本独特的风格，所以又回到这种主张，并明显地遵循日莲的教诲，自称是他真实的追随者，拒绝接受任何其他的佛教宗派，甚至拒绝旧有的日莲宗。今天，他们用佛教的名义来弘扬自己的教义，这和我所了解、传授的佛教不同。

日莲宗的追随者宣称释迦牟尼佛是过去的佛，而他已经死了，进入了涅槃；他们又宣称日莲是永恒的佛，从不进入涅槃。他们把佛教分为两种：假的与真的，暂时的与永恒的。由于这些观念，所以这些教法不符合佛法的教诲。在日莲的作品中隐隐暗示了现代日莲宗的信仰，但日莲从未向外宣称他是永恒的佛。

日莲宗的观念只来自一部佛经，也就是《妙法莲华经》。其实，他们只用了那部经中的两章——《方便品》和《寿量品》。甚至在这两章中，也只选择了特定的段落。他们的确也引用了一些其他的经典，但重点放在《妙法莲华经》中的两章。

日莲宗的信徒在其他国家传教时，刻意忽略原先民族主义的特性。其实，在美国许多日莲宗的追随者，从未读过日莲的作品，只有在日本才强调这种极端的民族主义精神。就本质而言，极端的民族主义是狭隘的。如果那种纯粹日本形式的日莲宗能够以这种形式传播到全世界，情况就不妙了。

持平地说，日莲的作品应该翻译成其他语言，让其他语言的读者能读到他的作品，以便决定他的教法是否适合自己。

当然，每个宗教都有它的利益。日莲宗的追随者宣称唱诵“南无妙法莲华经”时，他们的希望、愿望经常都能实现。这种说法是正确的、成立的，但这并不是独一无二的现象，而是在所有宗教中都找得到的。有信心的人在祷告或唱诵时，经常会发现他们的希望、愿望都能实现。日莲宗的观念就是多多唱诵，所以产生的力量就能扩大，这是神秘的宗教经验的一部分，却是很寻常的。基督徒祷告、净土宗的修行者唱诵阿弥陀佛的名号，都是同样的道理。

我也相信，日莲宗的追随者终究会回归传统的佛教，就像日莲去世后的许多追随者一样。原因在于就目前而言，它是一个没有根、没有传承的宗教，没有智慧、理论或观念作为这个宗教的基础。到头来，他们会追本溯源，回到佛法中的三藏。现在他们就像没有传承的人，只是个空壳子，这样是无法维系的。日莲宗的跟随者了解到这一点之后，就会回到佛教。因此，我并不反对日莲宗。

有情众生

问：什么是有情众生？

师：中文的“有情众生”包括了所有的生命形式，但佛教把“有情众生”定义为具有知觉的生命形式。

生命形式可以是有情的，如人和动物，也可以是无情的，如花草树木。然而，由于生命形式包括了有情众生与无情众生，所以使人觉得混淆。人们可能相信人可以转世再生为植物，或者说不杀生戒既适用于动物，也适用于植物。

有些相信轮回的传统的确说，人的转世可以包括无情众生，比方说，人可以转世为树木。然而，根据佛教的哲学，轮回或转世不包括无情众生，也就是说，有情众生不会转世为无情众生，无情众生也不会转世为有情众生。转世只发生在人界、动物界和灵界。

有情众生之所以陷入生死轮回，是因为他们执著于自我。

以下从物质形式和知觉这两个角度来解释有情众生。动物能根据物质形式的四个标准加以区分。首先是具有简单的细胞结构的动物，其次是具有由细胞组成的神经系统的生物，第三是具有记忆力的生物，第四是具有思考和推理能力的动物。最高层次的动物，包括人在内，具有所有这四个特点。

必须说明的是，我们可以使用不同的标准来针对现象加以解释、分类。比方说，现代生物学把人归类为动物界的一分子，根据主要是来自物质（解剖与生理学）的标准。佛教不争论这一点，但佛教哲学所使用的标准也包括了精神原则，比方说业。在这种模式中，人与动物是属于不同的领域。

下一个层次的动物只包括了上述四种特色中的三种——它们没有思考和推理的能力。思考必须要有象征，必须使用语言来思考。思考也包括了抽象的推理、预测未来的结果、解决问题等。此时此刻在地球上似乎只有人类大量地具有这些能力。

有些动物也许已经发展出粗略的象征语言。高等一点的猩猩、海豚和狗，对人类的语言似乎可以了解到某种程度。这些动物已经发展出思考的能力，但还未到达人类的程度。

具有记忆力意味着生物体能贮藏经验以备将来之用，也具有保有和使用象征的潜能，而象征则是语言的先决条件。但对于推理和语言来说，记忆并不是唯一的条件。为了形成新的抽象思想，像是分别善恶，就必须有能力来唤起经验，并且把它们串起来。没有推理就不可能有远见，也不可能运用经验来创造在未来有用的事物。要做到这一点，必须要有记忆和推理。

除了动物之外，也有灵界的有情众生，这包括了人界和天界的鬼神，以及净土宗的圣人、诸佛、菩萨。

问：这个关于动物的标准不是很主观吗？我们怎么能真正知道其他动物的智力如何？怎么知道它们的语言是简单还是复杂的？

师：这全看你怎么来定义智力。在思考能力方面，动物如果要和人相提并论，就必须能做道德判断。许多动物有不同的记忆能力，但任何动物使用语言的程度、复杂度都比不上人类。有些动物以粗浅的层次来思考，例如猩猩能在很原始的层次来计划，也展现了其他的复杂行为，但它们的行为没有人类那么复杂。

进一步说，物种与物种之间并没有明显的界线。根据上述四个标准来画分有情众生的界线，也是模糊不清的。然而，在所有动物中，就属人类在记忆和推理上最进化了。

我在台湾读到一篇有趣的新闻报道。有位老妇人养了几条狗，家中起火把她烧死了，有只狗本来有机会逃离火窟，却留下来陪主人，也一块死了。在老妇人丧礼时，另一只狗一再要跳到坟里，遭到旁边好几个人制止，后来那只狗不吃不喝，最后也死了。

那个老妇人有几个孩子，在她死后不久，他们就为了遗产争吵。报纸评论说，这些狗比人还高贵，也更晓得痛悔。从人的角度来看，似乎那些狗比那些人还有同情心，而且道德上也更高超。

然而情况并不是这样。狗的思想、行动不像人那么复杂。这些狗记得那个老妇人曾经对它们好，所以在老妇人去世时觉得悲伤。的确，老妇人的孩子们的行径可议，而且人们也许认为那些狗更胜一畴，但那是根据道德感和正义感所做的判断。这些狗是在做道德判断、逻辑思考吗？狗不会去想什么该做、什么不该做，而只是那么去做。如果那算得上是思考的话，也是由直觉和习惯所控制的。

另一方面，人则做道德判断。人做出不道德的行为时，我们说那是恶劣的。人类能推理、判断，这个事实显示了人的心智作用比其他动物都要高。

到目前为止，我们谈的都是比较高等的生命形式，至少是具有记忆的生命形式，以及其他具有思考能力的生命形式。还有许多其他动物和生命形式并没有思考和记忆的能力。一些有情的有机体只有原始的神经系统和细胞。最后，还有一些生命形式只有细胞，这些有机体不是有情，如植物、菌类、单细胞生物。

有人争辩说，我们总是在杀戮：砍植物吃，杀害了无数肉眼看不见的微生物。植物和细菌都是生命形式，但没有神经系统，也没有能力感觉到痛，因此不是有情。根据佛教的标准，植物不能与有情众生相比。

具有神经系统的有情众生就能感受到痛苦与快乐，这些痛苦与快乐和先前的行为有关。具有记忆的有情众生能回忆、期盼并升高痛苦与快乐的经验。这意味着痛苦与快乐的经验并不限于立即的生理反应。记忆能让生物以更复杂、更技巧的方式来回应环境。最后，如果有情众生能进行抽象的思考，臆测未来，并重组记忆来形成新的思考，那么就能分别好坏、利害，道德与不道德。以这种方式来分别的能力，是所有烦恼的根本。

体验烦恼，意味着进一步造善业与恶业。造业的这些行动会导致进一步的结果或报应。只有具备上述四个特色的有情众生有能力来推理、思考、沉思，了解自己在造业。

不能推理、不能分辨道德与不道德的有情众生，只能从以往的业得到报应。以他们目前的生命形式，不能再造新业，而他们的行动只不过是因应不同情况的自然的或立即的反应。狮子为了食物而捕杀并不造业。只有人会造业，因为他们能推理、判断。因此，推理是所有烦恼的根本，这些烦恼使人造新业，而业又产生报应。

另一方面，在所有的有情众生中，只有人能修习佛法。佛经谈到其他动物也能修行，但佛经解释说这些动物是佛菩萨的化身，而不是寻常的动物。

有一次我看到一个弟子注视蚊子在他手上吸血。他很有耐心地注视，一直到蚊子吸饱，然后用指头把蚊子摁死。我问他为什么这么做，他说："那是蚊子的报应，它吸我的血，代价就是自己的命。"

我说："那个报应是不相称的，蚊子只是吸你一点血，你却要了它的命。再说，蚊子不晓得它在做什么，不晓得那会使你痛。"咬痛你的蚊子并没做错事，因为它不能推理或判断，而你却能。正常的反应就是把蚊子挥开。那是你的选择，尤其是如果你怕被传染疾病的话；但是如果你这么做的话，要知道自己已经造了业。

问：佛教提到六界，在其他界中的众生是有情还是无情？

师：你指的是有情众生依照自己所造的业，所可能进入的六界，也就是：天界、人界、阿修罗界、地狱界、饿鬼界、畜生界。有些人只知道、相信自己看得到的东西，然而佛教谈到其他的存在领域。并不是非得相信这些领域的存在，才能接受佛教对有情与无情的标准。鬼神也是有情众生，但形体微妙，没有神经系统，却依然能从心里，而不是躯体，感受到以往行为的报应。他们大多不能修行，但因为有些护持佛法，有些帮助其他有情众生，所以也间接得到功德。

问：灵界的生灵有形体吗？

师：有情众生通常居住在三界：欲界、色界、无色界。这三界通称为轮回。在色界与无色界中的有情众生是精神的存在，是住于不同层次的三昧和禅定中的生灵。他们会一直停留在这些境界，直到禅定力减弱，那时就会落入较低的层次。

欲界的生灵有形体，能存在于人界、畜生界和天界，差别在于形体的物质性。人和畜生有具体的形体，人界灵体的形体更微妙，天界灵体的性质甚至比较微妙。

灵界的形体是物质的，但因为没有固定的形式，所以比人体更精致。当他们有意展现自己的能量时，通常会运用周围的任何物质，而表现出不同的形式，因此能通过风、水、无生命的物质，甚至有生命的物质来发挥作用。

人界和天界的生灵，彼此的性质差别在于粗细。人界的生灵以固体或气体的形态出现，而天界的生灵则是以光或能量的形态出现。至于光和能量算不算是物质，对这里的讨论无关紧要。鬼神和菩萨以两种方式出现在人界：可以投胎转世为人，也可以用自己的精神力量暂时以人体的方式出现。

阿罗汉和佛教的圣者则超越了欲界、色界、无色界，因此已经解脱了生死轮回，但这并不表示这些生灵的形体就完全超脱了三界，而是说他们不受三界的限制或束缚。如果这些圣者停留在色界，就会像色界中的其他生灵一样。如果他们待在人界，就会像人一样具有人的形体。差别在于他们不执著于自我，众生因此不受三界诸种烦恼所困扰。我们应该了解，围绕在我们周围的众生比我们所知道的要多得多，而我们周遭有许多肉眼看不到的有情众生。

问：来自欲界、色界与无色界的生灵能否同时相处？

师：可以，比方说有人进入深层次的禅定时，心理处于色界或无色界，但肉体依然处于欲界。当禅定力消退时，心理就回到了欲界。色界与无色界未必是特定的地方，而是心境。色界与无色界相应于不同层次的禅定。

问：什么层次的杀生才会造业？

师：杀的是从第二个层次起的生物，也就是具有细胞和神经系统的生物时，就会造业。换句话说，杀的是能感受到痛苦的生物时，就会造业。

问：所杀的动物愈复杂，恶业是不是也就愈大？

师：是的，所杀的生物愈复杂，恶业也就愈大。杀具有记忆的有情众生所造的业，大过于杀只具有神经系统的有情众生。杀能推理的有情众生所造的业，大过于杀不能推理的有情众生。杀人则是最大的恶业。

问：如果动物不能造业，只是从以往的业中受报，而人又是唯一能造业的生物，那么动物以往不就必须是人吗？

师：这个问题很普遍。人总是尝试要找到开始。但究竟从何开始呢？这并不是那么简单。首先，其他世界也有生物。其次，除了人界之外，还有其他界。在所有有情众生的世界和领域中，业是无始无终的。

如果有开始的话，我们就必须回答这个问题："这些有情众生从何而来？为什么他们以那种形式出现？"以往总是有无量无边的有情众生，而将来也会有无量无边的有情众生。动物是接受前业报应的有情众生，因此在以往某个时刻一定是会造业的有情众生，但这并不意味着必须是生活在地球上的人，因为还有其他能造业的有情众生，也有其他的世界。而且，这些动物在来生也可能变成人，也可能变成同样的动物、不同的动物，或其他世界中的生灵。谁又说得准呢？

佛法中一成不变的规则并不多。佛教说只有人能修行，但也有个别的动物、神祇和生灵能修行。他们知道某些事情，以致能修行。而且也有某些天界的生灵能修行。然而，大体说来，只有人能修习佛法。

问：这些和进化又有什么关系呢？

师：根据佛经的说法，这个星球的条件适合时，有情众生就会出现。他们从何而来？任何地方都有可能。地球并不是生命存在的唯一地方。宇宙广大浩瀚，有情众生之所以在这里出现，是因为他们的业引导而来。因此，我们和地球上所有的有情众生都有共业。不管我们和地球上其他的有情众生从何而来，重要的是，我们现在就在这里。我们可能来自任何领域、任何世界。

有情众生造业，世界随之改变。我们能直接看到这一点。造的业愈多时，世界就会改变，而业并不限于地球上的生灵。地球并不是浮在虚空中，所有有情众生所造的业，对地球都会有影响。同样的，我们在地球上的行动也会影响各个领域、各个世界。

人们问："如果人类毁灭了这个世界，或这个世界消失之后，有情众生会有什么遭遇？"当那种情况发生时，有情众生就会到其他地方。至于到什么地方，就看各人的个业和与其他无量无边有情众生的共业了。

问：科学家不能解释佛教描述的那些不同现象。就这点能否请您稍加发挥？

师：我先前说过，修习佛法并不一定要相信存在着所有不同的众生和状态。佛教中存在着一些我们接受的基本真理，我们可以从这些真理加以引申、推测。在佛教中，十二缘起、五蕴、十八界是不能分割或争辩的基本真理，我们只能根据这些观念加以发挥。

科学家不能解释所有的现象，只能解释他们能够测量或预测的。科学家只研究能实证、观察的。这是一个限制。佛教并不争论科学的发现——不管是已经验证的事实，或很坚稳的理论。当科学家从已知的事实推测或发挥时，他们的观念便会引起争辩。

进一步说，佛教并不强调下列的问题：比方说，我们从哪里来？我们为什么会在这里？佛教关切的是有情众生，特别是人类，如何处理他们的痛苦与烦恼，教人如何认清、处理并终结烦恼，解脱痛苦。对于这些以外的事，佛教并不需要发挥。佛教大体上是实用的。

我们也可以从感情的角度来探讨有情。有情意味着生灵有感情。如果生灵没有自我中心的感情，也不执著于观念，就能解脱轮回，摆脱所有的烦恼和因果律。然而，如果生灵依然执著于观念或感情，就依然在轮回中，依然是一般的有情众生。

佛教区分不同层次的感情。最基本层次的感情包括了武断的情绪、感情，这些都时时刻刻来来去去。这些杂乱的感情和武断的情绪来自根深蒂固的烦恼，在这个层次也存在着贪、嗔、痴。

较高的层次包括了有助于稳定状态的那些感情，例如对家庭、眷属、朋友、僧伽的爱。如果在第二个层次的人感受到愤怒或憎恨，就又坠回第一个层次。

第三个更高的层次包括了人们描述为高贵的感情，像是神圣的爱。这些感情是无私的爱，为了崇高的理念而无私地奉献，包括了对于艺术的自然欣赏。这只比第二层次的喜好或感情稍微高一些。比这更高的是哲学的层次，涉及对于抽象、念头和观念的感情。更高层次的则是宗教的情操——对宗教、神、灵性的“无我的”投入。

然而，所有这些感情都是烦恼。在所有的情况中，执著和自我依然出现。即使在最高的层次，也就是所谓“无我的”爱和崇高的情操，还是有自我和执著。有情众生之所以是有情，正是因为他们具有感情。所有在三界轮回的众生都称为有情众生。如果超越了轮回，并不表示就是无情，而是意味超越了执著与生死，解脱了轮回。这就是开悟的有情众生的处境：依然是有情众生，具有有情众生所有的作用。要记住，诸佛也是有情众生（译按：本章见于修订版，未见于初版）。

自　我

问：佛教指出，人之所以受苦，是因为执著于自我。然而西方却认为，发现、强化自我和认同，是通往成功与快乐之道。请问，我们要如何调和这些看法？佛教如何看待自我？

师：佛教用三种方式来看待自我，也就是：小我、大我、无我。大多数人把日常的自我当成真正的自我，果真如此，就不必修行了。一般人通常所认为的自我，就是佛教所说的小我，只是我们为了回应外在环境所捏造出的名字和观念。

自我会使我们不断地衡量自己的感受并加以判断："这是我的城镇、我的朋友、我的配偶、我的处境、我的观点、我的感觉。"小我便来自这些过程。

自我存在的观念来自与外在环境（周遭的人与事）以及内在环境（身体、感情、思想）的互动。我们时时把对于自己的评量串连起来："今天早上，我觉得充满活力去上班；下午回家觉得很疲倦，但做了些家事；晚上想要有人作伴，就参加了个聚会；睡觉前，我会想想明天的计划。”我们从这些连续不断的衡量中，创造出虚幻的小我。

功成名就的个人，对于存在、权力有很强烈的感受。如果他们不断地成功，就会一直强烈相信自己的存在。但这种自我感不管多么强烈，都还只是停留在小我的境界。

但这种强烈的自我感已属不寻常。大多数人并不总是觉得自己有个固定、集中的存在和性格，他们对自我的观感既不强烈也不集中。打坐能帮助人培养冷静、澄明以及内在的决心，因此可能发展出较强烈的小我感。

“发现自我”通常意味着发展出强烈的小我感，这并不完全是西方的思维方式，而是人类所共有的。若是没有来自强烈自我感的那种意志力，人们的成就会是有限的。禅修开始时，用的是建立强烈的小我感的方法。之所以称为小我，是因为没有真正、持久的东西让人来掌握。小我来自时时的判断，但我们并不总是觉察到自己的评价、自我的观感时时在改变。

大我似乎肯定了一个永恒不变的本质。中国哲学称之为“理”。另一个有关大我的看法来自精神的经验。在禅定以及其他的灵修中，人们能感受到一种绝对的、不变的精神自我。在这种时刻，似乎所有的存在都远离了，而个人的真性维持不变，仿佛个人的本质就是一切事情的基础，甚至就是一切事情的本身。

无我的观念更难掌握。佛教并没有说“小我”和“大我”不好或不值得，只不过由于小我和大我都有执著，而只要有执著就不能真正得到解脱。无我就没有执著，但这并不意味着一旦得到解脱，一切都不复存在。在解脱之后，智慧与功德继续存在。同样的，在体会到无我的经验之后，人生继续存在，依然有事要做。然而为了达到无我，必须从头开始学习，也就是从发展强烈的小我感开始。

问： 解脱之后，自我评断是否继续？

师： 这已经不是平常的评断了，而比较像所谓的自然反应。开悟的人不假判断，对世界自然反应。

问： 你前面说过，打坐能帮助强化个人的小我感。这会不会使得后来在修行时，更难把它放下？

师： 在修行之前只是散乱心，甚至不知道什么是自我。打坐可以帮助人集中心志，建立起集中、强烈的自我感。只有在小我集中时，才能超越它。在参公案时，必须先集中自我才能突破自我。

首先，我教人如何集中、强化他们的小我感。如果他们没有体验到开悟，至少已经增加了自尊和自信，心也不会再像以前那么散乱。在修行过程中，体验到自我的层次有下列几种：首先是散乱的小我，接着是集中的小我，然后是大我，最后是无我。

问： 到达大我阶段的人有何想法和感受？

师： 大我这种经验会出现，也会消失，就像精神的启示一样。当这种经验出现时，人们觉得与宇宙合而为一，仿佛自己就是宇宙。这种经验消失后，他们又恢复正常，但那种感受会持续下去，他们会觉得更广大、更安定、更慈悲、更有自信。

问：这种经验可不可能维持很久？

师：这种感觉会持续，但经验不会持续。

问：你说过在解脱后，智慧和功德继续存在，而那就是无我。能不能请你再说清楚些？

师：彻悟的人有智慧、功德，但并不把它当成智慧、功德。如果他们想："我有智慧、功德"，那就依然执著于自我，不是真正的解脱。在其他人的观感中，这些人有智慧、功德，并前来寻求指引。

问：为什么会有人想要超越大我而达到无我？

师：必须记住，这些名词都是发明出来的，好让我们谈论修行者的不同经验。如果真有"无我"可求，那只不过是另一种自我，大我也是如此。在那种情况下，修行者会花上全部时间来追求吸引人的、虚妄的自我。

至于谁想要超越大我？那就是想要体验佛法的开悟的人。然而，他们一旦到达那个阶段，并不会觉得自己开悟或解脱了。其实，他们会回到自己的日常世界，他们的生活也会继续下去，但却有个重大的不同，也就是不再执著。

因　缘

问：请你说明佛教的因缘观，以及因缘与缘起、因果、自我与幻觉等之间的关系。

师： 因缘的原则以及附带的因果的观念是佛教的基础，使它有别于其他的哲学和灵修。这些原则解释了不同时间、不同空间所发生的事件彼此之间的关系。

在进一步说明之前，让我先解释一下“法”。法可以指任何事件、现象或意识到的东西。所有的法，不管是世间法或出世间法，都是因缘的一部分，也都受到因缘的影响。英文里大写的“法”（Dharma）指的是佛法或佛陀的教诲、修行的方法以及修行的原则。小写的“法”（dharma）指的是任何的现象。当然，在梵文中并没有大小写的区别。甚至佛陀的教诲、修行的方法本身都是现象或法。

简单地说，某件事在某个时刻发生，随后又发生了另一件事，如果前者不发生，后者也不会发生，这便是因缘在作用。

这两个事件之间的关系和互动，我们称为“缘”。

因缘和因果容易混淆不清。其实，这两个原则关系密切，很难只谈其中一个而不谈另一个。从因缘的观点来看，我们说过，有一件事现在发生，而另一件相关的事后来发生。从因果的观点来看，我们可以说前一件事是因，后一件事是果。

相反的，此刻没有事情发生，下一刻也就没有事情发生。比方说，父母生子女，父母是因，子女是果。有子女，就必然有父母，但没有父母，就没有子女。换句话说，先有父母是生出小孩的必要条件——至少就传统的方式来说。

然而，因不可能单独导致果或转变成果，必须发生其他事，和其他的因结合，才可能产生果。这些事件和因素的聚合，就称作因缘。男女在一起不会自动生下子女，必须有其他因素来使因（父母）导致果（子女）。父母、子女、其他相关因素，全被视为因缘。

假设有一个因单独存在，而没有其他缘与它互动，就不会有果。如果因固定不变，而不产生果，这甚至不能称作因，因为“因”意味着往前发展成另一件事。在这种情况下，因与缘之间没有关系。因此，我们可以说因果有赖因缘的聚合。

进一步说，缘（一种法）与因（另一种法）互动，本身必然已由其他事所造成，就这样在时空上向十方三世无限发展。所有的现象之所以产生，是由于因缘。任何生起的现象本身都是前一个因的结果，它之所以生起是由于因缘的聚合。这导致了缘起的观念，也就是所有的现象或法都来自因缘。法不孤起，有赖因缘。究竟地说，所有的法不管在何时何地发生，都彼此相关。

由于所有的法都是因缘的结果，它们的产生就是缘起。这不只包括生起和出现，也包括消失和破灭。人出生是一个现象，死亡是另一个现象；泡沫产生是一个现象，泡沫破灭是另一个现象；念头产生是一个现象，念头消失是另一个现象。所有的法都因为因缘而生，也因为因缘而灭。

“法”包括了所有的现象，不管是生理的、心理的、社会的、内在的或外在的。有些人也许认为，法只包括外在和生理的现象，并不包括心理的现象，如思想。而佛教认为所有的现象，不管是生理的或心理的，都是法。六种感官和六种感官的对象互动：眼见色、耳闻声等，这些都是法。第六个感官也就是意识，以思想为对象。意识的对象也包括了象征、文字、语言，人们以这些来思考、推理、记忆、沟通。所有这些象征和思想，从佛法的观点来看都是法。

唯识宗把法分为三种。第一种包括所有物理界的客体，有时称为色法。第二种称为心法，比如思想、情绪、感情。也有一种法既不是色法，也不是心法，而是我们用来思索的象征，包括了名字、数字以及像是时空这类的抽象观念。虽然在思考和记忆时，这些象征是绝对必要的，但它们并不是思想本身，因此不能视为心法。

上述三种法称为有漏法，也就是说，来自于执著的法。佛教认为一般有情众生世界的所有现象都是有漏法，与开悟者有关的所有现象则是无漏法，包括了涅槃、真如、空。

因缘和缘起的原则当然和有漏法有关，但无漏法呢？这里必须作个精微的区别。例如涅槃，从众生的观点来看，涅槃的确来自因缘。如果修行的因缘好，结果就是涅槃。然而，解脱者并不区别涅槃和轮回。开悟者即使依然在世上发挥功用，但认为世界和现象都不是真正的存在。就这个意义而言，无漏法并不是来自因缘的法，也没有所谓的因缘和因果。

上面所说的似乎与佛教的无常观冲突，因为无常观说一切都会改变。然而，无常观是从众生的角度而来，解脱者并不认为有生起和消失的世界、众生或法。对解脱者来说，没有什么变迁可言。

众生并未开悟，他们把自己当成一个实在的自我，而与外在环境及心理现象互动。这个自我是什么？我们先前说过，所有的生理、心理现象都是因为因缘而产生。众生把这些现象的聚合视为“自我”。

即使我们在知性上接受“自我是虚幻的”这个说法，却依然紧紧抓住幻觉，认为这个自我是真实的。然而，如果我们接受“自我是虚幻的”这个前提，并且认清自己有许多的执著，那么至少就能以这个坚实的基础进行修行、体验空性。

自我的存在是由于因缘的结果，具有时间的意义（过去、现在、未来的连续），也具有空间的意义。“因”如果没有和“缘”互动，就不能变成“果”，这些因缘在空间上互动。因此，我们必须在知性上了解自我就是因缘的结果；而我们必须修行，才能体验自我其实来自时间、空间中因缘的互动。

我们说“自我是幻觉”，并不是说自我是幻想。自我并不是海市蜃楼，我们说自我是虚幻的，是因为它一直随着因缘、因果而改变，不是固定不变的。同理，所有的现象也都是虚幻的，万事万物时时改变、发展、转化。因此，自我是虚假的存在，不停地在虚假的环境中互动、改变。

但只是知性的了解还不够，必须直接去体验。这很困难，因为我们在感情上执著于对自我的观感，这就是烦恼。要解除执著和烦恼的束缚，唯一之道就是修行。通过修行，人们可以用不同的层次体验到时间、空间并不存在，自我是虚幻的；也可能体验到时间过得很快，或觉得身体和宇宙合而为一。

古代有位禅师写过这么一首诗："空手把锄头，步行骑水牛。人站桥头上，桥流水不流。"这位禅师用众生的观念来描述自己的感受。对他来说，空手和拿锄头是没有区别的，步行和骑水牛是没有区别的，桥和水是没有区别的。他所用的描述都是平常人的行动和现象，这些都是动的东西，但这位禅师用现象界的动来描写不动的体验。所谓不动的体验，就是不受因缘限制。禅师体验到的是真相，不是幻觉，感受到幻觉的其实是我们。

问：因果与业是否相似？

师：业意味着力量或行动。业必然与因果有关，因为行动有力量，可以造成结果。十二缘起有时被称为来自业力的十二缘起。

问：那么物理现象呢？纯粹的物理现象，如白云飘过天空，是因缘和因果所生，但似乎与业力没有任何关系。业力似乎指的是与众生有关的行动。

师：这个世界的存在，或者说我们认为这个世界存在，这个事实本身是因为众生的业力。一切事情的发生都是因为众生的业力，世间没有纯粹的物理现象。

问：这使我想到相对论，我所谓的相对论，一方面是爱因斯坦的观念，一方面是一般的观念；换句话说，此之为此是因为彼之为彼。没有任何东西是单独存在或由自己所形成的，所有的现象都依赖因缘、因果以及众生的业力。这种说法正确吗？

师：正确。因缘是在时间、空间上的作用。爱因斯坦的相对论说，万物之所以动作，是相对于其他的事物。对于这个说法，佛教并没有什么问题。如果某件事在转变、作用，那是因为在时间上、空间上受其他现象的影响。而这件事也会在时间上、空间上影响其他事物。

问：你说过“因缘是空，但因果不空”，这是什么意思？

师：所有因缘的产生是由于其他的因缘，它们是无常的，一直在改变，因此我们说因缘是空。就因果来说，这就是前后的关系。对众生来说有因果，对诸佛来说没有因果。之所以不再有因果，是因为诸佛没有自我中心，不以自我的观点来看待任何事情。

事情依然会发生在诸佛身上，但诸佛并不把它们视为发生在自己身上，而把所有事情都看作是空的。相反的，众生无法以这种方式来看世界，因此依然把发生在身上的事当成是自己以往的业力所致。

释迦牟尼佛曾活在这个娑婆世界，和人、环境互动。众生以他们的方式来看这件事，而说佛陀做了好事、传授佛法、济度众生。但佛陀并不以这种方式来看，而只是很自然地做。佛陀的出发点是智慧，而不是自我中心。

佛陀成道后，依然体验到身体的疼痛。众生会认为佛陀之所以受苦，是由于因缘和以往的业；但是对佛陀而言，由于他不再感受到自我，在心理上并不会受苦，只有在肉体上体验到痛苦。

问：因缘能否控制？能否借着操纵因缘而直接控制自己的人生？

师：《华严经》说："万法唯心造。"如果我们的心改变，因缘也会随着改变。不管心往何处转变，因缘也会随着转变；态度改变，感受也会改变。如果不努力改变人生和心灵，就会被自己以往造作的行为、意念所影响。如果我们采用佛法来看世界，那么因缘就会转变方向，人生中的事物也会改变。

问：但是在人生中，有时感受到自己的恶业很强，以致无法减轻痛苦。我们能否减轻恶业，以改变我们人生的因缘？

师：的确，有时业力强大，个人无法控制自己，也无法摆脱已陷入的烦恼。

这可能是由于以往许多的行为累积而成，而现在因缘成熟，所以这些累积的业力一次现前。这也可能意味一时造下很深重的恶业，而现在因缘成熟，恶果现前。这种情况发生时，就像洪水泛滥，除了随波逐流，别无他法。

避免、减轻这种恶业的唯一方法，就是在恶果现前、因缘完全成熟之前，先采取行动。好比看到洪水来了，就走避高地，那么洪水的影响就不致那么大。要避免恶业现前，可以借着精进修行，忏悔往昔的恶行，多多行善——供养、布施、行善。从做这些善事所累积的功德以及修行的力量，有助于减轻或消除恶业。

当然，如果你是真正的禅修者，就能明确知道烦恼就是烦恼。真正的修行者会努力在任何顺境、逆境中都维持泰然自若。然而，受过洪水之困的人都知道，在那个时候要维持个人的修行和泰然自若，是很大的挑战。

五蕴与意识

问：在佛教义理中，“识”这个字有许多不同的用法，常使我混淆不清。佛教说识是五蕴之一，还有第六识、第七识、第八识。五蕴是佛教的基本教义，但我还是无法区分受、想、行、识。

师：我要同时解答你有关五蕴和不同层次的意识的问题，因为它们彼此相关。五蕴指的是色、受、想、行、识，是佛陀的教诲中最基础的部分。基本上，我们可以说众生是由五蕴构成的；没有了五蕴，就无法感受环境，并与环境互动。其实，没有了五蕴，众生和环境都不存在了。

第一蕴是色蕴，指的是物质界，也就是我们的身体和环境。因此，它包括了生理和物理两方面。五官（眼、耳、鼻、舌、身）及神经系统（脑、脊椎、神经）构成了色的生理层面；环境中的一切，以及我们用来了解环境的所有象征，则构成了色的物理层面。

现在我要跳到第五蕴，也就是识蕴。我们必须分清第五蕴的识和唯识宗所谈的第八识。唯识宗的发展远在佛陀宣扬佛法之后，是根据五蕴的说法加以发挥的。

唯识宗的前五识来自五官（视觉、听觉、嗅觉、味觉、触觉），第六识指的是分别意识。前六种意识大致与受、想、行三蕴相应；色指的是物质界，受、想、行指的是心理层面。同样的，唯识宗的前六识指的是心理层面。

从第二蕴到第四蕴，也就是受、想、行，都是心理活动。如果置于唯识宗的框架，我们可以说它们是五官与环境互动的结果。

第五蕴，也就是识蕴，指的不只是分别意识，还包括了其他四蕴；而其他四蕴既包括了物质界，也包括了心理层面。因此，第五蕴也包括了物质面和心理面。以这种方式来看，识蕴既是因也是果。

第五蕴之所以是因，是因为物质世界——包括了我们的身体和环境——是我们意识的内容所造成的结果。要记住，第五蕴的意识远远超过分别意识，而含藏了所有过去行为的业种，是业的储藏室。我们的业力、身体和环境都是业的显现，因此，从这个角度来看，色蕴是识蕴的结果。

识之所以也是结果，是因为三种心理的蕴和色互动时，也就是和环境互动时，就产生了新业，新业进入业的储藏室，也就是第五蕴中的识。

问：你是说物质世界——也就是身体和环境之所以存在，主要原因就是业，而那也就是为什么识是因。同时，识也是果，因为我们的身体与环境遭遇，六识体验到那种经验而加以回应，因此产生了新业，而新业其实就是第五蕴的识。

所以，你所说的就是环境——其实整个宇宙之所以存在，是由于众生存在。众生的业创造了宇宙？

师：是的，可以这么说。身体也称为报身，环境也是果报的呈现。它们之所以存在，是由于众生过去的业力所产生的结果。佛法的基本原则就是缘起，它主张所有的现象都是彼此相关的，由于业而产生、消逝。环境和身体是别业和共业的显现。

自身的情况、经验和遭遇，都是过去行为的结果。过去的行为产生业力，储藏在第五蕴的识中。最后，意识中的业种会显现，成为我们所遭遇与经验的事情。我们经验和承受以前所造的业的结果时，也会再造新业，而这些新业也转而储藏在第五蕴中。

现在，让我们回头来比较五蕴的架构和唯识宗的架构。第二、三、四蕴的受、想、行，大致相应于唯识宗的前六识（眼识、耳识、鼻识、舌识、身识、意识）。第五蕴的识，指的是唯识宗的第七识和第八识。

第五识也称业报识。佛陀原先讲五蕴时，并没有细分第六识、第七识、第八识。唯识宗则根据五蕴加以发挥，把业报识的观念细分，因而谈第六识、第七识、第八识。

我先前说过，受、想、行涉及心理层面，基本上它们是任何心理作用的三个阶段。首先，人的感官与环境接触时，这是受。其次，人区分经验：这种受是苦的？乐的？或不苦不乐的？这是想。第三，人受到外界事物的作用，而要回应这个经验，这是行。比方说，我听到很大的噪音，受就是我的感受，在这个例子中，声音在我的耳中产生印象。我的想法可能是：“多嘈杂的声音，我不喜欢它！”行就是我决定采取某种行动：皱起眉头，或用手捂住耳朵。当人们因为受产生想而采取行动时，就产生了业，而业就根植于第五蕴的识。希望现在你已经了解了五蕴中的识，和唯识宗里不同层次的识。

问：非生物没有意识，但它们又是我们心的反应。你现在讲话所用的麦克风之所以在那里，是因为我们的别业和共业。这是不是佛教徒在课诵中所指的——“若人欲了知，三世一切佛，应观法界性，一切唯心造”？

师：你的说法既对也不对。任何非生物之所以存在，是由于众生过去的业力。我们遭遇任何事情，都会通过五官，经由分别意识加以察觉。没有分别意识（唯识宗的第六识）的话，就不能觉察任何事情。当某人的第六识无法作用时，外在世界对那个人来说就不存在。世界对其他人依然存在，但对于没有意识的人来说并不存在。

然而，第六识无法单独创造世界。整个环境来自所有的五蕴互动的显现，我们以五官和分别意识来体验世界。每当决定、思考、言语、做事时，都是在造业，而业力进而创造、塑造环境。我们的世界之所以是现在这个样子，是由于每个人的业力所致。所以，当你个人在生活中造作新业时，世界也随之改变。因此，觉察自己的言语与行动是很重要的。你的业不只塑造自己的未来，也塑造世界的未来。

另一方面，只有开悟的人才能见到法界性，也就是空性。空意味所有的法或现象，都处于不断变化中，没有一样东西是恒常不变的。进一步说，每个法都与其他法相关，任何事物都无法单独存在。如果成佛，就能观察到这个空性。开悟的人用清净心来看世界，以智慧来处世。众生则用烦恼心来看世界，以分别心来处世。这进而造成了环境。清净心是智慧，产生法界性，而法界性促成清净心。

问：佛法也谈到十八界，其中包括六识。众生与环境接触时，必须包括三个因素：感官、感官的对象、感官的意识。比方说，眼睛是器官，形状和颜色是感官的对象，视觉是感官的意识。听觉、嗅觉、味觉、触觉也一样，这个道理很清楚。但我依然不确定第六识的三个因素是什么？

师：六个感官（六根）、六个意识（六识）、六个意识的对象（六尘），构成我们所谓的十八界。第六识的对象，就是我们用来思考、推理、记忆的符号，这些符号构成第六识的尘。思考、推理、记忆，构成第六意识的意识成分。

符号来自其他五尘。我们以意象和言语来处理观念，语言包括了不同声音的组合，这些组合成为第六识的符号。当意识运用这些符号时，就能推理、记忆、判断。心意识要发挥作用，就不能没有符号。

第六识的感官，包括了心理和物理的成分。心理的成分就是报的意识，它来自第八识，也就是业种所在之处。而物理的成分，就是人的神经系统。没有物理成分，业种无法显现。它的作用就像大门一样，允许报种，也就是过去的业，离开业的储藏室，也允许新造的业进入业的储藏室。

问：这么说来，第六识的心理作用包括了其他五种感官？不是由脑和神经系统来感受、观察、处理所有信息的吗？

师：是的，但当我谈第六识时，谈的是大脑中与思想、推理、记忆有关的部分。神经系统也包括了其他的感官意识和生命作用，但不是第六识感官的一部分。脑和神经系统的作用不只一种。

众生为了能推理、记忆，必须使用符号。只要生物有神经系统，就有前四蕴：色、受、想、行；没有前四蕴，众生就无法作用。唯有具记忆和推理能力的众生，才具有所有的五蕴。

问：那么蔬菜、植物呢？它们似乎也能回应，比方说有向光性。

师：植物有生命，但没有神经系统。它们能以某些方式回应，展现原始的动作，那是因为它们有细胞，体内能产生化学反应。但它们对环境的反应不能称作受，因为受来自神经系统。而类似光合作用和生长这些活动，是纯粹的化学反应。

问：第六识不就是前五识的一部分吗？当我看某件东西时，不是用我的推理能力来分辨我所看的东西吗？

师：我们可以说，第六识（分别意识）综合了前五识：视觉、听觉、嗅觉、味觉、触觉，但第六识特别指的是推理和记忆的作用。在受的时候，第六识被认为是当时所发生的意识作用，在那个时刻之后随即开始记忆、推理、判断，这些都是第六识的作用。

问：可不可能有纯粹的知觉？也就是在语言与符号之前的知觉，在我们所谓的第六识的对象之前的知觉？

师：不可能。没有第六识的符号和其他感官的对象，分别意识就无法作用。那时候不是已经死亡，就是脑死。当某人有纯粹的知觉时，符号、记忆、推理依然存在于第六识，但已不执著于它们。此人的心灵已经到达了平静的境界，这时心里不动，但心的各种作用依然存在。

开悟者与佛陀和众生一样，依然具有并且使用第六识。他们记忆、推理、思考、学习，唯一的区别在于：彻悟的人不执著于自我，摆脱了贪、嗔、痴、慢、疑，没有自我中心，他们的分别意识已经由烦脑转变成智慧。

问：因此我们可以说，我有第六识，但执著于它。我相信第六识造成现在的我，但开悟者运用第六识就像工具一样吗？

师：是的，成佛的人依然运用第六识，依然会说“我和你”、“我和它”，等等，依然区分主体和客体，但不执著于区分。众生会说“我是我，你是你”，而且相信这是真的。众生认同于自己的思想和身体，但诸佛不执著于身体和思想，只是方便地使用它们。如果诸佛不运用身体和心灵，就无法教导众生。

问：当心达到无念的境界，那时心里又是怎么一回事？

师：我想，你把无念与无我混为一谈了。打坐时有可能心静止下来，那时似乎没有念头，其实却还有一个念头。这个人依然稳定在一个念头上，而他的心不动，念头也不动，这就是三昧。不必开悟也能体验到这种情况，换句话说，证得三昧并不自动地就是开悟。

另一方面，如果一个人真正开悟，自我的观念就会消失，没有自我，但思想会继续，就像平常人仍会继续思想一样。开悟者能作用、推理、判断，差别在于开悟者不会将这些心理作用诉诸自我。

问：《心经》说："观自在菩萨行深般若波罗蜜多时，照见五蕴皆空，度一切苦厄。"如果观世音菩萨照见五蕴皆空，又怎么会知道有五蕴呢？

师：在《心经》中，佛陀告诉我们观世音菩萨的成就，而不是观世音菩萨自己在说。观世音菩萨并没有指着五蕴说："这些都是空的。"

《心经》是佛陀为众生所说，让那些没有体验到开悟的人能了解这些事情。众生依然相信并且察觉到五蕴，但佛陀说："如果你能像观世音菩萨一样察觉到五蕴皆空，就能超越一切苦厄。"诸佛菩萨都体验到五蕴不存在，但开悟者依然能从众生的角度来看事情，他们知道众生与五蕴牢不可分。

《心经》包含了其他表面上看起来矛盾的说法。《心经》说"无智亦无得"，紧接着又说，因此三世诸佛得到"阿耨多罗三藐三菩提"，也就是无上正等正觉，圆满至高的智慧。如果"无得"的话，诸佛又如何能得到智慧？这里的重点是，这部经是为了众生的利益所说，究竟而言是"无智亦无得"，但众生由于执著，把这些事情当作成就，所以佛陀必须说智慧与成就。其实，无上正等正觉，圆满、至高的智慧，就是"无智"、"无得"。

业

问：业与个人过去或未来的行动，是如何彼此关连的？

师：“业”在梵文里是“行为”的意思。当我们做了一个动作，那个动作结束了，就是过去的事，存留下来的可称为业力，而业力导致未来特定的结果——不管是此生或来生。在所有的情况下，存在的就是因果的关系。因此，通常所指的业，更正确的说法应该是业力。

许多人认为：“如果我现在做某件事，将来某个时刻就会享受或蒙受那个动作的后果。”这个想法并不完全正确。的确，我们未来会体验到自己行动的后果，但后果并不是固定的。业力如影随形地跟着我们，虽然影子总是跟着形体，却随着光线、位置而改变形状、强弱。同样的，业力总是跟着我们，但特定行动的业果并不是固定的。

为什么会这样？这是因为新的行动持续发生，因而会修正业力。因此，如果产生了善业，那么以往恶业的力量就会减轻。相反的，恶行会扩大先前已存在的恶业的力量。在某些情况下，有些长久以来分别做过的特定行动的业力，会聚合成重大的后果。如果这样聚合是业力是恶的话，后果就很可怕。

问：业力如何控制轮回转世？

师：造了善业的人，最好的就是转生到天界。出生天界并不是通过父母，而是通过自我的意识。而且在天界中，身体不管多么微妙，都不会死，只有到业力尽了时才会消失。

具有恶业的人，最糟的就是转生到地狱界。地狱界和天界一样，也是通过自我的意识，但天界的众生生活得自由自在、愉快逍遥，而地狱界的众生则是束缚重重、痛苦连连。

问：你说造了善业的人，最好的就是转生天界。可是，不是说修行人最好是重生为人身继续修行吗？

师：修行之业和善业不同。盼望解脱轮回的众生会产生修行之业，他们会重生到可以继续修行的世界。善业不一定包括修行之业，如果修行时心中既有智慧又有功德，可能会转生到某个依然可以修行的天界。

问：当我承受到以往行动的后果时，那个业力是否就消失了？

师：一直到超脱三界（欲界、色界、无色界）时，业力才会消失。承受到行动的后果时，业力并未消失，而是改变。业力就像山上冲下来的水，遭到石头会改变方向，继续向前流，直到流入大海。同样的，承受到以往行动的后果时，业力也会改变方向。

问：如果这样的话，下面这种说法就是错的：每次在人生中受苦，就已经消了一些以往的恶业。

师：不，还是可以那么说的。在受苦之后，业力依然存在，但形式却已改变。换句话说，业不像一批批好行动、坏行动一样等着要现前，而是整个的业力。因此，如果体验到某些坏事，那是以往行为的结果，而业也随之改变。体验到好事时，道理也是一样的。

问：业力存在于哪里？

师：根据唯识派的说法，第八识（阿赖耶识，也称为藏识）储藏了我们所有行动的结果，而业力就存在于此。大乘佛教认为第八识包含了所有的业种，但我们不该把这些种子当作是业力的个别单位。第八识不能比喻成电脑的记忆体，记忆体里的资料会增减，但个人造业或承受后果时，第八识并不变大或变小。第八识虽然包括了各式各样的业种，却是单一的、一直在变的业力。

问：业与言语或行动之后的意图关系密切。没有开悟的人，可不可能控制自己的意图和意愿，达到不造业的程度？

师：有可能，但很困难。我想你会无法与其他人互动。没有意愿之下所说的话或所做的行动并不造业。然而，你要是不想说话或行动，那又怎么会去说话或行动呢？

问：如果我在不知不觉的情况下杀生呢？比方说，我在黑夜里开车经过黑暗的街道，一只猫在我措手不及的情况下跑到我车下。这样算是造业了吗？

师：首先，你是自己选择开车的。其次，会发生那种情况既是因为因缘，也是因为你的业和那只猫的业。因此，轧死猫是造了业，但和有意杀死那只猫，业比较轻。

问：飘忽不定的思想会造业吗？

师：不会。自由来来去去的思想并不造业。只有来自意愿的思想会造业，但这种业比语言和行动所造的业要轻。

问：如果有意选择思考自己的修行方法或者众生的利益，那会造业吗？

师：会的，那会造善业。

问：如果炸弹落到这个城市，不会是因为我个人的报应。那是否牵涉到共业？

师：共业是存在的。如果炸弹落到这个城市，大家都受难。所以应该把它理解为共业的报应，也就是我们所有人在不同的时间、不同的空间都造了同样的业，而在此时对我们来说业力同时成熟。

我们并不分担别人的业，每个人都承担自己行为的后果。然而，一个后果确有可能处置了许多人的业。

问：造成这种结果的是由于行动？行动背后的意图？还是意图与行动的结合？

师：如果在行动时并不明了它，那个行动就没有业果。业力相应于当时那个人对于自己行为的知觉方式。如果有人在酒醉中杀了人，却完全不知道自己做了什么，那么所承受的后果就相应于喝醉酒，而不是杀人。但极少有人做了那么严重的事，却了无知觉，因此很可能就造了业。

问：如果有人违反法令，会不会造成负面的业果？还是说那个人感受到了罪恶而造成业果？

师：就业而言，不管对自己的行动是否有罪恶感，都会有结果。如果菩萨觉得需要杀人，虽然他心中觉得这可能是在当时情况下的最佳抉择，依然必须承受业果。

问：谁来决定什么行动造成善业或恶业呢？

师：佛教的原则来自释迦牟尼佛。释迦牟尼佛的原则不是命令我们哪些能做、哪些不能做。他所传授的不是道德的规范，而是根据观察所得。释迦牟尼佛以他的智慧，能告诉弟子哪些后果来自哪些行动，并且教导他们避免产生恶果的行动，奉行产生善果的行动。

在社会中，为了维持秩序和稳定，法律是必要的，因此法律是相当严格的，但业却是具有弹性的。比如我做了某件坏事，但因缘尚未成熟，尚未承受那个行动的后果。如果后来做了某件好事，业力可能会改变。然而，如果我做了其他坏事，很可能会更快导致后果。某些人因为一直做善业，所以没有承受恶行的结果。了解到这一点，应该会鼓舞人更认真地修行。

五　戒

问：每次禅七结束，我们都要接受五戒。五戒的范围如何？修行者接受五戒的程度如何？在修行的过程中，受持五戒的程度是否会有所改变？

答：五戒是佛教的基础，包括不杀生、不偷盗、不邪淫、不妄语、不饮酒或不吸毒。五戒是为了保护修行者，确保生活、心灵的纯净，以便能继续安全、稳定地修行。因此，五戒对于认真的修行者是必要的。

持守五戒就会检点自己的言语和行为。如果身业、口业相当清净，心灵也就比较安稳、纯净。心灵安稳，修行就会更得力，进而可得定。因此，要得定，有赖于持守五戒。

持五戒必须是自愿的，必须愿意节制自己的言语和行为。如果被迫持戒，只会造成挫折、愤怒，不会帮助得定，或使日常生活和谐。

持五戒不只是为了得定，也表示愿意接受佛陀的教诲。成为佛教徒除了接受三皈依之外，五戒也是基本的要求。奉行五戒的人，行为会与一般人不同。人们或者因为你是佛教徒，而认为你的言语、行为有别于一般人；或者从言语、行为中猜测你是佛教徒。因此，从这个角度来看，是否要通过修行而得定，反而是另一回事。即使不打坐，只愿修习佛法，也该接受五戒。

问：修行时日愈深，对于五戒的态度与关系是否会改变？

答：那是一定的。五戒有三个层次，第一个层次是“别解脱戒”，那是一般修行者的层次，也就是在不同时间逐一接受戒条，也就是分别地受戒、持戒。如果真诚持某一戒，就会得到那一戒的益处。因此，可以不必同时接受五戒。

第二个层次是“定共戒”。人们逐渐深入三昧时，就会自然守戒。如果有人宣称得到深三昧，却依然破戒，那表示他们所说的不是真正的三昧。

第三个层次是“道共戒”。人们从初次见性到成佛，智慧不断增长。这时不必提醒自己持戒，而戒已经成为修行中自然的一部分。

问：第二个层次和第三个层次有何不同？

答：在第二个层次，也就是定的层次，可能会退转。在定中不能也不会破戒，但禅定经验的力量减弱时，就有破戒的可能。然而，定力增长时，智慧通常也会增长。因此，虽然这种人可能破戒，却不会犯重戒。体验过真正深定的人，是不可能邪淫的。

现在让我们谈谈每条戒的不同层次。重视戒的程度与个人以及个人的修行有关。破第一条戒的最严重行为就是杀人。如果有意地杀人，此生就永远破这条戒，即使忏悔也不能再受持这条戒。除了这种严重的破戒之外，第一条戒因人而异。杀生，不管是牛、狗或蟑螂，都违反第一条戒。但许多嗔怒与欲望来自人们根深蒂固的习性。处于轮回中的我们，受制于无数的烦恼。即使是认真修行的佛教徒，遇到干扰生活的苍蝇、蚊子，也会忍不住杀生。如果持戒到某个程度，可能不会杀蟑螂，但另一个程度则可能会杀，全看个人及持守戒条的程度。

如果杀动物而且知道自己的行为，之后忏悔，那么就没有破第一条戒。如果有人采取极端的立场，说各式各样的杀生都是一样的，不能忏悔，就没有人会受戒，而且会远离佛法。戒条必须要适应不同的情境。

前面说过，只有杀人才是破戒。另外，也可以舍戒，而不犯戒。所以如果知道自己可能杀人，例如在战时，就该正式舍戒，以后可以再受戒，这是允许的。因为杀人时，你并不是佛教徒。如果只是轻微的犯戒，可以忏悔并继续持戒。

问：如果知道自己要杀人而舍戒，就是预谋杀人，那要如何解释？如果受戒之后意外杀人，那又如何？

答：让我澄清刚才所说的。如果你对某人很生气，你并不先舍戒，杀了人之后再受戒，那种做法是荒唐的。这条戒的要点是不伤害或杀害生灵，尤其是人类。如果知道自己会处于可能杀人的情况，如战争，就可以正式舍戒，等从战场回来后再受戒。

至于意外杀人，第一条戒有几个标准。犯第一条戒必须是预谋——有心杀人，杀成了，而且在杀人时知道自己的行为。必须具备这些条件才确定犯了重戒，无法弥补。然而不管是否受戒，意外或有意杀人，都会影响你的业。

问：在心里杀人有何后果？

答：只是在心里希望某人死去，没有付诸行动，就不算破戒。

问：谈到杀生，所有的出家众都吃素吗？不是有一些派别允许吃肉吗？

答：是的，某些佛教的派别允许出家众在某些情况下吃肉。虽然如此，这些出家众没有亲自杀生，而是由其他人供养。再者，那些动物必须不是专门为他们而杀。他们吃肉的原因是因为生活环境使然，也许其他的食物稀少。

问：开悟的人会自然持戒，那是不是意味着如果他们的屋子里到处都是蟑螂、蚂蚁、老鼠，他们就任其如此？

答：开悟的人不会杀这些动物。更慈悲的方式就是使屋子里干净，让那些动物不便于存在。但是，如果采取措施消灭它们，必须知道那会引发痛苦和造业。

第二条戒为不偷盗。不偷盗的戒条是根据古印度的法律，如果该罪行要处死，那就永远破戒了。在古印度，不一定要偷很多东西才处死。美国的法律不会因人偷盗而处死，不管金额多大，所以有些人也许会认为这是允许人去抢银行。事实上，不管金额大小，偷盗就是错误，违反了第二条戒，但能忏悔。

第三条戒为不邪淫，这是很重要的。不守这条戒的人会为家庭和社会制造许多痛苦、纷争，我呼吁所有在家的佛教徒都要受这条戒。根据古印度的标准，未婚男女发生性关系、通奸、不自然的性行为，都是严重的犯戒。根据习俗，性行为必须在夜晚、私室，以正常的方式进行，其他任何方式都被视为不自然。

但是时代不同了，西方的道德规范也不同，许多男女处于没有结婚的同居状态。但在今天的社会，这种行为并不总是被认为邪淫。尽管如此，我还是鼓励这些人结婚。如果没有结婚而生小孩，会为小孩制造问题。即使没有小孩，最好还是结婚，因为那表示对伴侣的承诺。结婚是责任和成熟的表征。

如果没有结婚，也没有与人同居，就该试着节制性欲，不该时时换伴侣。这个时代最严重的犯戒行为就是通奸。但人的情绪是很强烈的，如果认为自己此时无法控制性欲，也许最好是舍戒，等以后认为更能自制时再受戒。然而这只是最后的手段，我并不劝人这么做。

第四条戒为不妄语，最严重的犯戒就是为了名闻利养、社会权势，告诉别人你是佛菩萨或伪称开悟。你必须知道自己在说谎，这是最严重的犯戒，忏悔也没有用。另一方面，如果真正相信自己已经开悟，那就不是犯戒；那是无明和傲慢，不是妄语。

如果为了赚取利益而说谎，那就是妄语和偷盗。如果为了性而说谎，那就是妄语和邪淫。如果因为说谎而直接致人于死，那就是妄语和杀生。

第五戒为不饮酒或不吸毒，本身并不是那么严重，如果破戒，可以忏悔。大多数的宗教都有戒律或戒条，大同小异。任何宗教都不会说可以杀人、偷盗、说谎、邪淫，但只有少数宗教的教派和佛教，强调远离酒精和毒品。第五戒的目的是为了保护前四条戒。如果酒醉，就可能破其他的戒。再者，佛教强调智慧，对人生抱持理性的态度。酒精和毒品会使人失去理性、判断力，因此直接违反佛教的原则。

因为很难让很多人受戒，所以我容许权宜之计。在受戒的仪式中，如果有人觉得自己无法持某一条戒，可以不受。戒条不是刻在石板上，而是行为的准绳。

这些年来，我多次解释五戒，解释的方式与在场的大众及情境有关。如果我认为大众没有强烈的信念，就只指出最极端的情况：不要杀人、不要抢银行、不要滥交、不要告诉人家你是佛陀或禅师。如果大众更为稳定，我的期待会更高些，把戒条解释得更为详细。我并没有任意改变戒条的意义。

戒律与业

问：曾听你说过，言语和行动会造业，但思想本身不会造业，而是导致会造业的言语与行动。根据我先前的了解，思想就是法，与言语和行动一样，都具有某种力量，因而能够影响事情。你也说过，心力能助人，伤人，甚至杀人，这既不是行动，也不是言语，而是纯粹心理上的。比方说，禅七结束时，我们默默把功德回向，用意在于帮助众生。最后，大乘佛教认为，单单念头就能破戒。能否请你澄清这些混淆之处？

师：身、口、意这三种活动中，“意”最重要。如果一个人具有意识，但在言语、行动时却没有心理的知觉，这个人不是被外力所指挥，就是患有精神病。因此，如果身体在行动或言语时不涉及心，就没有造业。

如果只有心理活动，但没有显现在言语或行动上呢？在这种情况下，我们必须区别戒律和业。

小乘佛教认为，只有涉及言语和行动才会破戒，这是从众生的角度来说。因为说话或行动时会影响他人，而且可能是以很明显的方式在影响。

然而如果只有心动，那么影响力就轻得多，也不会很明显。例如，心里想要偷窃并不是罪行，必须付诸行动才算违法。因此，小乘并不认为坏的念头就是破戒。另一方面，如果只是心动，影响就轻得多、隐晦得多。想要偷东西并不是犯罪，必须有所行动才犯法。因此，小乘佛教并不把坏念头当成犯戒。

大乘则认为“心”是最重要的因素，因此心本身就能破戒，也就是说，“意图”是最重要的。进一步说，恶念会产生恶业，但比言语或行动所产生的恶业要轻得多。

此外要记得，由于人会不断思考，念头有些是善的，有些是恶的，有些是不善不恶的，它们都会产生轻业。如果只集中在自己生起坏的念头而自我责备，就是对自己过于苛责。因为一天中也有很多时刻会生起善念，这些会产生善业，就会有所平衡。比方说，现在你们在这里听闻佛法，这就是好事，你们就在造善业。希望在我们的人生过程中，好念头超过坏念头。

即使采取小乘的观点，认为恶念并不破戒，但要知道恶念持续不断时，终究会引起不好的言语和行动。因此，最好能防微杜渐，一有坏念头就加以处理，练习保持清净心。

问：就业而言，自由意志和命定之间的关系如何？佛陀曾说过一个故事，在他成佛之后，依然因为累劫前所犯的小过错而受到果报。这表示了对于业报的一种命定的、一报还一报的解释方式，我觉得很难接受。

师：我认为你对这个故事的了解有些混淆。佛陀的确承受了多生以前所做之事的后果，但他并不把这些当成报应。也许色身会受到一些痛苦，但他的心并没有我们所体验到的苦。对开悟者来说，受报与不受报是一样的。如果无我，又怎么可能会有果报呢？只有具有自我观念的人会体验到果报。

问：在梦中破戒，是否依然破了大乘的戒律？

师：如果受了菩萨戒，不管是醒是梦，有恶念头就是破戒。然而，如果在梦中偷盗或杀生，但并没真正这么做，那就不用担心，不该为此惩罚自己。彻悟者即使在梦中也不会破戒。行菩萨道的人，总是不断地忏悔自己的恶行、恶言、恶念，也依然奉行戒律。戒律是行为的准绳，不是戒令。

菩萨戒警醒我们什么该做、什么不该做。我们不该破戒，但如果破戒，往者已矣，就该忏悔，继续修行，然而依然要对业果负责。

佛教的戒律，不该被视为戒令——不是持守，就是违背。应该把戒律想成是清水。如果破戒，就像把水弄脏了，戒律依然在，但不再纯净。借着忏悔、发愿，更认真修行，可以促使持戒再度清净。

问：单单念头，会不会对别人造成伤害？

师：如果一直对某人存有坏念头，日复一日，这些念头累积的效果会变得很强烈，终于可能会说出或做出伤害那个人的事。如果只是某一天对某人有坏念头，不太可能马上会对那人产生坏影响。

另一方面，有些人会培养出心力，用念头本身直接伤人。这种情况极少，而且与我们所说的无关。多数人的思想只在心理的范畴，要使事情发生，必须通过言语或行动。

我们不应该把戒律当成奇怪或神秘的东西；相反的，我们应该从常识的、人本的角度来了解戒律，把它当成合理的、正常的。

如果只是坐在那里，想要给人礼物，却没有实际去做，然后告诉那人：“我已经为你做了好事。”那会有用吗？

问：那么，每次禅七结束时所举行的回向呢？

师：禅七结束时，你已经得到了个人的功德。功德回向就是愿意把功德给别人，希望帮助众生，这是菩萨道，用自己的心来回向。只有具有功德时，才能回向。如果没有功德，尽管你怎么想，还是没有功德可回向。同样的，如果做了坏事，不能把坏念头转到别人身上，而认为自己就此得到解脱，不再有恶行。

回向功德时，应该以慷慨心、慈悲心为之。换句话说，应该全部奉献出来，而不想到自己的利益。如果想借着功德回向而得到更多的功德，那就根本没有回向任何功德。

问：什么能累积功德？救一只小狗不致溺毙，可以得到功德吗？还是必须要深入修行佛法？

师：如果做了好事，未来就会得到好的业报。善言善行能累积功德，有些言语、行动会比其他的言语、行动产生更多的功德。但是在心中不应存有想得到功德的想法，而应存有将功德回向给别人、让别人受益的想法，这才是真正回向功德。

这就像把钱给别人，如果他们想要还你，你就告诉他们把钱送给其他需要的人，不必还你。

愈少想到自己的利益，对修行就愈好。在回向功德时，不该想要得到更多的功德。菩萨道的六波罗蜜之一就是布施，行菩萨道的人懂得布施，结果可以减轻自我中心，但那并不是目的。功德回向，只是修行布施波罗蜜的另一种方式。

问：你曾说过，自己的业自己担，我们既不能承担别人的业，也不能把自己的业给别人。但如果在回向时能把善业给别人，那究竟是在做什么呢？如果有可能把善业给别人，为什么不能摆脱自己的恶业，也把它转给别人呢？

师：差别在于善业就像自己赚的钱，你有权利来处置。但恶业就像欠人钱，你根本就没有发言权。

问：用这种方式来谈业，似乎锱铢必较，听来像是人造的东西。难道业就像金融系统？我想到的是类似本金、利息这类事，像是有某种衡量的标准来估量各种行为的严重性。我觉得这有些牵强。

师：佛陀教导说，有些问题是不可思议的，如果人们思索这些观念，希望能产生答案，就会被蒙骗或混淆。这些问题之一，就是尝试了解佛心能做什么，另一个就是尝试了解业的运作。要完全解释清楚业是很困难的，事实上也是不可能的。然而，人们坚持要多知道一些，希望能很清楚、具体地描述，来帮助他们了解自己的存在和经验。

重点在于，业虽然难以了解，但我们能以类比的方式来尝试解说它的不同面貌，不过这些都只是比喻，没有一样能完全呈现真实的情况。这次我用的是金融的比喻，下次可能用上其他的比喻，但这些都只是类比而已，因此无法表达出真正的情况。身为佛教徒，最主要的就是了解我们的思想、言语、行动都有后果，而这些后果是今生和来生必须承受的。

禅是宗教吗

问：禅是宗教吗?

师：释迦牟尼佛证悟后，在印度弘扬佛法，当时的印度文化很重视灵修和宗教。

释迦牟尼佛开始弘法时，曾经质疑当时盛行的一些信仰，像是个人灵魂的存在，但为了吸引他道的人追求佛法，曾纳入了其他的宗教传统。而且，佛法传扬的时候，也吸收了其他文化的一些观念和信仰。在这个过程中，佛教成为一种宗教。

然而，佛教与其他宗教不同，而且它的基本原则未必具有宗教的性质。

释迦牟尼佛并未教弟子向神灵祈祷，甚至也不向佛陀求助、求救。

他鼓励众生自助助人，借着学习和修行佛法，解脱自己人生中的烦恼，终能解脱生死轮回。

人们难免会问："人从何处来？如果没有开悟的话，死后会发生什么事？会往何处去？"在回答这些问题时，释迦牟尼佛所持的是修正过的轮回转世的观念，而轮回的观念当时已存在于印度的一些宗教。

释迦牟尼佛说，众生有过去世与未来世，陷于看似无休无止的轮回中，除非能开始修行佛法，否则无法超脱轮回。如果众生修行到彻悟，就能摆脱烦恼，摆脱使他们陷入轮回的贪嗔痴三毒。

人们又问："如果任何人都能修行成佛，那么释迦牟尼是唯一的佛吗？如果不是，那么其他的佛在哪里？"释迦牟尼佛说，众生的观察和力量有限，这个世界渺小，而宇宙浩瀚无边，有无数无量的佛已得到正等正觉，因缘成熟时，众生也会成佛。释迦牟尼佛的回答再度鼓励人们修行。

然而人们依然不满足，继续问："要多久才能成佛？"释迦牟尼佛就解释修行之道和过程，描述不同成就的层次，而最终的成就即是彻悟。他也谈到那些修行的典范，也就是达到圣位的菩萨。但释迦牟尼佛没有要人向菩萨祈祷，而是鼓励人们见贤思齐，效法菩萨。

释迦牟尼佛谈到菩萨的慈悲与智慧，以及他们所发出要协助众生得到解脱的弘愿。他提到代表慈悲的观世音菩萨、代表智慧的文殊菩萨，以及许多其他的菩萨。起初，修行人把菩萨当成楷模，但后来许多缺乏决心和自信的人停止修行，而开始向菩萨祈祷。他们祈祷自己的愿望能够达成，自己的痛苦能够解脱，这种作法一直延续至今。就这个后来的意义而言，佛教是宗教。

佛教发展出宗教的这一面，其实不是坏事。当人们真心向神祇、菩萨，甚至上帝祈祷时，是会得到帮助或减轻痛苦的。但对于祈祷的回应并不是来自神祇、菩萨或上帝；部分是来自这些寻求帮助的人本身的心力，也来自向特定的神祇或菩萨求助的所有人的集体力量。

当有足够的人真诚向菩萨或神祇求助时，力量就会显现——不论菩萨或神祇是否真正存在，力量就是会显现。人们寻求帮助，而他们的祈祷得到回应，这在每个宗教中都是稀松平常的事。就这一点来说，佛教就和其他宗教一样。

然而禅宗则不同。

禅宗直入佛法的本质，鼓励人们信赖自己，解决自己的问题。其实，禅宗把那些向心外求法的人当做寻求外道，也就是寻求佛法之外的教诲。因为禅宗要求自我奋发，不需要其他佛教宗派中有关宗教祈求的一面。

禅修者并不否认菩萨的存在，他们坚信菩萨、佛陀、祖师大德，但不像别人向神祇祈祷一样，向佛菩萨或祖师祈祷。他们认清祖师大德和菩萨都是在不同的修行层次，他们敬佩菩萨，见贤思齐，就典型的做法而言，并不寻求他们的帮助。禅修者用比较谦逊、清醒的方式来自我修行，或在师父的指导下修行。

如果禅修者有求于佛菩萨的话，那就只有求佛法了。他们通过僧侣的协助及研习经论来寻求佛法，他们不求力量、灵修体验或开悟。同样的，如果他们烧香拜佛，也不是礼拜，而是感恩，因为没有佛菩萨和僧侣，世上就没有佛法。

对禅修者而言，佛菩萨是楷模，而不是崇拜的偶像或守护神。对他们来说，菩萨不是依靠。

我和其他禅师都会教人诵念阿弥陀佛或观世音菩萨的圣号，但不是为了宗教的目的。有些佛教徒诵念阿弥陀佛的圣号，为的是往生佛国净土；念观世音菩萨的名号，为的是达成愿望。这些是宗教的修行方式。我要你们诵念圣号，纯粹是作为修行的方法，用诵念圣号来集中你们的心。

在唱诵佛菩萨的圣号时，不管是朗诵或默念，身口意都集中于伟大的开悟者。这是练心、净心的好方法，通过这个方法，甚至可以体验三昧，开发智慧。

有时，人们要我为他们祈祷。从宗教的观点来看，这些人也许认为我跪在佛菩萨之前，祈求佛菩萨帮助他们。也许他们认为我和佛菩萨之间有一条热线，其实我没有任何特殊的关系，也不祈祷。那么，为什么我同意为这些人祈祷呢？原因有二：第一，如果我说我会为他们祈祷，他们会觉得好一些，通常人们需要的就是这个；第二，我能通过修行力量把功德回向给这些人，修行者能把功德回向给其他人。

其实即使不修行，心念真诚的人也能为他人带来好处。相反的，如果许多人希望某人受害，那个人很可能就会受苦。这没什么神奇，纯粹是心的力量。

我诵念观世音菩萨的名号，心想我的功德可以回向给其他人，我不管他存不存在。我又何必去操心这件事呢？

首先，释迦牟尼佛称赞观世音菩萨和他的力量，而我相信佛陀的话。其次，正因为许多人相信而且向观世音菩萨祈祷，他的力量就存在。因此，我诵念他的名号，而且以他来回向功德。

观世音菩萨的作用就像巨大的反应器一样，成千上万的人把心念集中在这里。如果这些人把个人的心念导向不同的东西上，就像成千上万个微弱的手电筒一样，各自发出的力量有限。

但如果人们把心念集中于单一的对象上，就像把所有手电筒的光集中到一面大镜子，照明功能就大增，而观世音菩萨就像这面镜子。

就外在来看，这也许看起来像许多其他宗教的修行，但观点却有不同。其他的宗教说，力量来自于人们所祈祷的神祇，佛教则主张力量来自祈祷的人。

有些佛教徒修行得不好，或对自己和方法没有强烈的信心，会寻求菩萨的帮助，或请师父把法力传给他们。禅师和认真的修行者并不向佛菩萨求任何事，所求的唯有佛法。他们乐意帮助，奉献给别人，但不寻求神通和精神上的利益。

刚开始修行的人寻求外在的帮助是可以的，只是要了解终究不该向外寻求，而必须完全依赖自己。来自外在的帮助只能暂时解决自己的问题，而不能穿透问题的根源，真正地解决问题。基本的方法，其实也是唯一有效的方法，就是依赖自己，通过修行来解决自己的问题。

修习佛教与其他宗教

问：可不可以修习佛法却依然保持另一个宗教信仰？

答：佛教的修行有五个层次。第一个层次对应于人界，第二个层次对应于天界。其他三个层次是佛教所特有的，也就是阿罗汉、菩萨、佛的层次。我的回答主要限于前两个层次。在人界和天界这两个层次，都有恰当的方法可以依照佛法修行。大多数的宗教没有超越人界和天界。有些宗教甚至不关切天界，只关切人生。

根据佛经，在这两个层次中的众生，或者，身在人界而想晋升天界的众生，他们必须要有适当的行为举止和修行，而这些在佛法中都找得到明确的教导。从这个角度来说，佛法不反对人们寻求重生于天界，因此不反对宣扬这种信仰的其他宗教。

佛教要帮助所有的人，也欢迎有其他信仰的人运用佛教的修行方法。其他宗教的信徒刚接触佛教时，也不必放弃以往的信仰。如果要抱持原来的信仰，并不成问题。

在大多数的社会中，家庭里的宗教信仰通常都是代代相传的。如果为了修习佛教而不得不放弃原先的信仰，会使自己在许多方面与原先的家庭和社会分离，因为任何宗教里有许多部分都包括了社会的、文化的互动，不必强迫人们放弃这一切。当初我来美国时，相信接受佛法的人应该很有弹性，可以接纳所有的人，不管他们信的是什么宗教。至于佛教如何回应西方宗教？基督教、犹太教和伊斯兰教在历史上都做过许多好事，帮助过许多人。如果没有这些宗教，欧洲的一些文明可能就失去了道德和伦理教诲。然而，接受基督教的教诲和接受佛法是不一样的。其实，耶稣的教诲中有一些和佛法不同，佛法的教诲中也有一些和基督教的教义不同。身为佛教徒，我们应该只考量耶稣的教诲中相应于佛法的部分，而只能以人界和天界的层次来看基督教。

有人认为将来所有的宗教会融合为一，我对这种看法存疑。世界并不那么单纯，各宗教之间必须认清并支持彼此信仰中相同的部分，也要了解并尊重不同的部分。佛教徒不该宣称自己的宗教优于其他宗教，那会造成不必要的争端和紧张。我们只能解释自己的教义，让别人了解，没有权利判断其他宗教是好是坏，是正是邪。

问：我们可不可以把佛教，尤其禅宗，当成宗教？

答：这个问题很重要。一方面，佛法，尤其禅法，是修行的方法。释迦牟尼佛传授方法，他并没有要人单凭信心来相信或接受任何东西。从严格的修行观点来看，似乎不需要宗教仪式，不需要对诸佛举行仪式。就这个意义来说，佛教不必归类为宗教。

另一方面，如果佛法的教诲鼓励人们遵行佛陀和祖师所教的方法，那么为了从修行中受益，就得对佛菩萨具有最高的信心。没有信心，是不会长久修行的。对于三心二意的人，修行的益处只是表面的。从这个意义来说，信仰佛菩萨是必要的。如果我们把宗教说成是包括信仰的传统，那么佛教就可以归类为宗教。另一方面，如果宗教只限于仪式，那么就不必视佛教为宗教。

问：任何宗教都不会承认自己纯粹只是仪式，而是有更丰富的内涵。

答：的确。在那种情形下，佛教肯定是一种宗教。我们必须自问，这些仪式对宗教是否必要、是否有用？佛法在东方传播时，人们从遵循那些仪式开始。我刚到美国时，在我的教法中只采用少许的仪式。然而，在修行过一段时间后，这里的人对佛菩萨、祖师自然生起很大的敬意、信心与感恩，而表达这些感情的正常方式就是通过仪式。

那么我们说到宗教时，到底意味着什么？宗教是信仰具有领袖魅力的一个或众多实体（可以是人或神灵）的存在、力量或权威。这包括了导师、先知、众多神祇或一位神。这个信仰的对象经常是创教的导师，如佛陀、耶稣、亚伯拉罕、穆罕默德。宗教里最重要的就是这些教法，因为那是我们要用功、学习、修行的。

问：我的问题与修习佛法的其他宗教信徒有关。可不可能在知性上了解佛法的观念，从修行中受益，却不把这些教法纳入自己的宗教信仰体系？

答：可不可能不顾教法、观念、理论，而只是修行？这是可能的，但只限于开始的阶段。我教初学者时，可以不顾这些教法，但过了一段时间就得介绍像是业、轮回、因缘等观念。

能不能只是了解这些教法，而不接受它们？也许可以，但那是对修行利益得少为足的人。如果要深入佛法的修行，就得接受那些教法。

问：那么，早先的问题就又回来了：人们可以不放弃其他宗教信仰，而从打坐和佛法的原则获益良多；但如果要深入修行佛法，终究至少要放弃原来宗教的一些信仰？

答：是的。在较浅的层次时，可以抱持原先的宗教教义。但如果要认真修习佛法，就必须放下其他信仰，不可能对两套教法都有绝对的信仰。不必放弃原先的宗教，这种说法指的是那个宗教的社会、文化方面。但即使放弃另一个宗教信仰，并不表示就反对那个信仰。

问：能否更进一步说，这些只是在心里？它们只是信仰、观念，因此我想信什么就信什么，甚至可以在心里同时有彼此矛盾的信仰？

答：很难同时拥有彼此矛盾的信仰，因为人们很难摆脱自己对宗教的观念。许多其他宗教的信徒想从佛法受益，他们受到佛教哲学的吸引，但以自己的信仰来诠释。他们尝试佛教的修行方法，以便在自己的宗教里达到更高的层次，来体验他们的神。佛教的方法可以用于这些目的。我们也可以说，在其他宗教里达到较高层次的人具有开悟的体验，但这些并不真正是佛教的开悟体验。

他们没有放下所有的观念，没有放下自己的信仰，没有放下自我。人们听到这种说法，也许会解释成佛教徒觉得自己的信仰比别的信仰高超，他们的开悟层次超过其他种类的开悟。其实不是这样，这是佛教徒描述他们体验的方式。其他宗教有他们的观点。讨论彼此的高低、好坏都是无关、无益，甚至是危险的。

问：你先前提到其他宗教的人物，例如耶稣是不是菩萨，能不能就这一点加以发挥？

答：宗教通常有三个基本因素：教主、教义与仪式。以基督教来说，我不愿说教主耶稣是菩萨，也不愿反对这种看法。就他的教法本身来说，你我都难以断定耶稣是不是菩萨。只有菩萨才能断定耶稣是不是菩萨，因为菩萨能看到他的法身。我做不到这一点，所以不愿抱持特定的赞成或反对的立场。其实，这个问题是无关紧要的。重要的是教法以及教主生平的示范，那才是人们该关切的。

问：我生长在天主教的家庭，因此子女出生时，父母期待我们让子女受洗。但我们并不信天主教，因此不希望举行这个仪式，否则便是表里不一。

答：如果你的父母不是强烈反对你的意愿，就不一定要接受这个仪式。如果那会使他们难过，受洗也没关系，就当作是给父母的人情。还有一种看法就是：佛教承认心的力量，如果有人真心祝福，比方说通过受洗来祝福，受到祝福的人就会受益。福分来自祝福者的心的力量，以及那个人相信的神祇的力量。

佛教不否认神祇的存在，佛教承认其他信仰的神祇存在，而且具有法力。就你小孩的情况来说，如果天主教的神父为小孩施洗，那对小孩有益。如果你也要我为小孩祝福，我会很乐意的。那么一来，你的小孩就受到双重的祝福。

佛　像

问：为什么佛教徒使用并且尊敬佛像？

师：释迦牟尼，也就是历史上的佛陀在世时，并没有佛像。一直到释迦牟尼佛涅槃后一百年左右，人们才开始用不同的事物来象征佛陀，比方说以法轮来象征佛法的转动，以娑罗双树来象征释迦牟尼佛进入涅槃的地方，以菩提树来象征释迦牟尼佛证悟的地方。这时也开始了对释迦牟尼佛遗物的崇拜。这些象征和遗物很可能代表了后来佛教形象的起源，包括佛像。

在释迦牟尼佛去世后的早期，人们使用不同的地点和事物来帮助忆念佛陀，后来建塔来存放佛陀的遗物。不久，塔的数目超过了佛陀的遗物，因此塔中改置佛像，这是佛像出现的起源和历史。

问：崇拜的观念是一个关键议题。在一些人的心中，佛陀的形象和佛像具有超自然的力量，似乎许多人把佛像当成神祇的延伸。

师：这种信仰确实存在于对佛陀教诲了解不深的人的心中。他们把佛像当成神祇的延伸，他们崇拜这些佛像以便从佛陀得到回应和利益。就此而言，佛像对许多人的确发挥了像神祇一样的作用。

从佛教的观点来讲，人们把佛像和佛陀当成神祇来崇拜是可以接受的，因为诸佛无所不在，目的就是要帮助众生。如果众生有所求，诸佛就会回应。然而，这只是一个观点。

向诸佛寻求回应的众生，不但从诸佛得到利益，而且从这些要求中得到利益。如果人们想要达成或完成什么事情，可以因为自己有心而达成，因为这就像自己的声音一样，能同时向内、向外发出，让自己也能回应。这是自己努力的成果。

认真的修行者对佛陀的教诲有深入的了解，因此佛像对他们来说只是修行的工具。当他们要表达感恩或练习专注时，佛像可作为注意的焦点。

此外，在绘画与雕塑中，佛像显得庄严光辉。修行者和其他人看到时，会生起见贤思齐之心，希望效法佛陀的无限功德与智慧。以这种方式，佛陀的形象也能帮助人。

问：据说佛陀能根据不同的对象，而有应机的说法。你有关佛像的说法似乎与佛陀这方面的作法相似：佛教有许多不同层次的入门方式，而佛陀的形象能让许多人以不同的方式来运用。

师：正是。比方说，丹霞天然禅师（739 至 824 年）有个流传久远的轶事，他在严冬把木雕的佛像烧来取暖。有人惊讶地说：“你是禅师，竟然烧佛像！”禅师回答：“能烧掉的就不是佛。”对他来说，佛无所不在，却不是可以掌握或得到的东西，更别说烧掉了。

在中国开启丛林制度的百丈禅师（720 至 814 年），没有摆设佛像或其他佛教形像的佛堂，只有让人修行、听闻佛法的法堂。根据百丈禅师的说法，佛法就代表佛陀，只要有佛法，佛像就没有必要。

不过在唐朝之前，禅寺就纳入了佛像，我们从云冈和龙门两处石窟就可看出佛像的重要。这两个地方有许多刻在墙上的佛像，大约是在三四世纪时完成的。唐朝之后，佛像对一般修行者也很重要。

问：我认为天然禅师烧木佛是为了教导弟子，但如果为了展现我对佛法的了解而烧佛像，会不会很不一样？换句话说，烧佛像这个动作如果不包含对佛法的正确了解，那反而是大不敬？

师：你必须了解，天然禅师的故事是公案。公案中所描述的事情只发生一次，不能重复。如果后人重复或模仿公案，那就是造假，肯定不是开悟的表示。如果任何人听到公案而想重建当时的情景，就会造恶业。

问：但如果有人真正相信“能够烧掉的就不是佛”呢？如果有人真正相信自己只是烧木像取暖呢？那就不表示不尊敬，为什么又会产生恶业呢？

师：如果你的处境是必须烧佛像才能活下去，知道自己的行为并不是真正的了悟，而是从知性上了解这只是一块木头，那就能这么做了吗？不，这么做还是会造业的。天然禅师之所以这么做，是要帮助弟子斩断执著，他是为了别人而这么做的，并不是因为自己快冻死了。如果你随他的例子重复同样的场景，那只是为了自己的缘故，而不是为了别人。你这么做没有道理，换句话说，因为你的动作是为了自我的动机，就会产生恶业。

对于开悟者来说，佛像依然是佛像，木头依然是木头，两者在他心中是不同的。另一个人也许认为两者是一样的，这是那个人混淆不清，没有开悟。重复公案是不智之举，公案是不能模仿的，如果有意模仿，就会产生麻烦。

问：我依然不了解。如果所有的东西都有佛性，为什么开悟者看佛像和看普通木头会不一样？

师：从佛性而言，一块木头、一尊佛像或任何其他东西都没有分别。但就现象界而言，其中仍有区别。以世间的现象而言，每件事情都是不同的，但在开悟者心中则无区别。如果禅师连分辨日常现象的常识都没有，就会被认为是疯子。

问：早先你说认真的修行者以佛像为工具，作为表达感恩的对象。但在佛像前顶礼感恩，经常遭到一些西方人士的误解，认为这是崇拜虚假的偶像。

师：我先前说过，崇拜的方式有两种。第一种是，一般人礼拜佛像是为了从诸佛得到某种利益或回应。第二种是，认真的修行者以佛像为工具，这并不表示认真的修行者没有得到利益；还是会有回应的，但回应来自个人的行为。认真的修行者，不应想要或希望诸佛能为他们做自己该做的事。

如果说能从诸佛得到任何利益的话，不管是尊敬诸佛或使用佛像作为工具，这些利益都是来自佛陀所教的法。敬佛能帮助人将佛法带入自己的修行中。因此，表面上看来是崇拜，其实是修行和练习。拜佛成为练习禅定的方法。然而，这是禅的观点，佛教的其他宗派有不同的教法。

问：从禅的观点来说，似乎拜佛和拜师父一样，都是暂时放下自我。

师：是的。

问：与佛像或佛的形象相关的就是“开光”的观念，能否请你就此进一步说明？

师：在开光仪式中，人们为了一般宗教修行者的利益而为佛像开光，程序可能有所不同，但通常是开光的人祈请佛像所代表的佛陀、菩萨的名号或咒语。他们运用自己的心力来作为频道，让菩萨或佛陀的力量和回应得以传达。

当然，如果已经开光的佛像放在博物馆里，就不会有回应。如果放在寺庙里让人景仰，很可能就会有回应。开光的仪式，是把佛像从一般艺术品转变成宗教艺术品。对于主持开光仪式的人和一般的修行者而言，这个仪式本身就会造成不同的感受。而且，佛像本身在开光前后也有所不同。

然而对禅修者而言，没有必要使用已经开光的佛像。他们可以用任何佛像，因为他们的目的不是要从佛陀得到任何回应。

佛教的功德观

问：你经常提到慈悲和功德，但对众生而言，不可能达到佛教所主张的最终极的慈悲境界。比如梁武帝问菩提达摩，他造了那么多佛寺，有多少功德？菩提达摩回答："没有功德。"因为皇帝做善事时心有执著。但是，除非开悟，否则不可能心无执著地行动、表现慈悲。这样的情况实在令人气馁。如果菩提达摩所言属实，那就意谓着其实没有功德这回事。果真如此，回向功德又有何意义？

师：在梁武帝和菩提达摩的故事中，必须了解菩提达摩的用意在于破除梁武帝的执著。此事不宜就字面上来解释，说梁武帝的行为完全没有功德。其实菩提达摩试着指出，梁武帝执著于功德的观念。如果做事时心怀功德，自我中心就会愈来愈强，因此禅师经常会见机说教。

我们可以从两个角度来看佛法。一个是从众生的角度，从现象的角度，也就是所谓因位的角度来看。不论说了或做了什么，就造了业，有业就会产生果报。因此，做好事、累积功德，自然会产生好的结果，这就是因果法则。对众生而言，因果是在世间或现象界的领域。在世间的因果是有漏的，也就是说，是自我执著的一部分，而且受到自我执著的影响。这些因果包括了善业、恶业及功德。

另一个是从开悟者的角度来看，这些因果超越了世间或现象界，是无漏的（没有执著），同样的，结果也是无漏的。这些现象就是菩提、涅槃、成佛。这些彻悟者是从果位回头看因。

从第一个角度看事情的人，是处于轮回中的众生。如果他们认为言行举止没有后果，恶行没有恶果，善行、功德没有善果，就是观念不正确。这些人很可能不会修行佛法，因为他们觉得毫无所得。更糟的是，他们可能说出、做出相信报应的人所不会说、不会做的事。

然而，彻悟的人观察、了解到其实根本无功德可言，功德只是因为自我而存在。开悟的人已经体证到空性，他们的功德已经转化为智慧。开悟的人也会说没有所谓智慧或成就。开悟不是由于智慧与功德，因为智慧与功德这些观念涉及自我。因此，从开悟的立场来看，菩提达摩“没有功德”这种说法是正确的。

我们不可把开悟的境界和未开悟的境界混为一谈。如果开悟的人依然宣称功德存在，那么他们就没有完全开悟。如果未开悟的人宣称没有功德这回事，则是出于无知。有这种信念的人不会去修行，而不修行就永远没有机会真正了悟。因此，有必要了解因地（未开悟的境界）和果地（已开悟的境界）是有区别的。

我们可以从两个境界来解释梁武帝和菩提达摩的故事。从因地而言，梁武帝的确累积了功德，因为他做了好事。但菩提达摩是从果地的观点来回答，为的是要警醒皇帝，帮他摆脱执著，看穿现象的空性。他尝试让梁武帝了解，在任何情况下，行动本身、行动者、行动的结果，三者都是空的。不幸的是，菩提达摩的方法在梁武帝身上无效。

我们不该因为梁武帝的观点而轻视他。他是虔诚的佛教徒，忠心护持僧众，他的生平、行为都可作为典范，值得大家称赞，但他对禅宗直截了当的方法却不受用。历史上，菩提达摩和梁武帝之间的对话很可能从来没有发生，它之所以著名是因为与佛陀的教诲有关。

多少世纪以来，这个故事产生了很多混淆。为了帮助人更了解佛法，于是说了另一个故事来澄清一些事。这个故事涉及生于菩提达摩后数百年的百丈禅师。有一次百丈禅师开示之后，信众中有位老者对他说："其实我不是人，而是狐狸精。许多世以前我是个和尚，有弟子问我，开悟的人会不会受制于因果？我告诉他，开悟的人不堕因果，一言之差使我五百世来都转世为狐狸。现在请您就此开示。"百丈禅师回答："开悟者不昧因果。"老人闻言，当下开悟，高兴地向百丈禅师顶礼，并说："明天请到后山，就会发现一只死狐狸，请为它举行僧人的葬礼。"

第二天，百丈禅师前往后山，在洞里发现一只狐狸的尸体，就依照仪式把它火化了。

这个故事很可能也是则传奇，但有很好的作用。许多人误解了菩提达摩和梁武帝的故事，因而受苦或导致他人受苦，所以有人创造出百丈禅师和野狐的故事。

禅宗不谈过程或进度，也不采取因地的角度，而只从结果或果地的角度来谈，因此总是使用负面的方式，而不是肯定的方式；也就是说，禅宗的目的在于打破各式各样的执著，不要人依赖或拥抱任何事情。

临济禅师（卒于866或867年）有一次说，三世诸佛都是笨蛋，他对菩萨和阿罗汉也有类似的说法。他的意思是说，所谓的诸佛、菩萨、阿罗汉其实并不存在。然而这是从开悟者的角度而言。对于众生而言，其实是有诸佛、菩萨、阿罗汉的。如果人们只看到临济禅师表面上的意思，可能就相信佛陀不存在，佛陀所有的教训都是垃圾，修行是没有目的的。

如果你认为身为众生而不去修行是件好事，应该受到责备。另一方面，如果你认为佛法高深莫测而心生恐惧，也该受到责备。就像我所说的，禅经常是从究竟的立场来发言，这些是彻悟者的了悟与成就，是要人景仰、效法的，而不是心生畏惧。

禅的方法就像双锋利刃，既能帮人，也能伤人。利根或善根的人能于禅法中受益，能利用这些方法得到成就。相反的，业障深的人可能误解这些教诲，因而受苦。那就是为什么在修习佛法和修行时，必须跟随良师，以免误入歧途。

许多人误解禅的方法。有一次，有人对我说："师父，我刚读了一些公案，它们实在神秘莫测。有一位和尚问禅师该不该念佛？禅师回答，念佛一声，就该漱口三天。另一个故事说，一位和尚问：'佛是什么？'禅师回答：'从没听说过佛这回事。'和尚就问禅师有关释迦牟尼佛的事，禅师说：'如果当时遇到他，就一棒打死喂狗。'这仿佛是疯人讲的癫话！"

佛教中说，诅咒佛陀是五大恶业之一，这么说来这些禅师该受到严重的报应。但这些故事和菩提达摩与梁武帝的故事性质相同，用意都在当头棒喝，通常是对那些很接近开悟的人所说的。就禅宗而言，这些说法有时称作“转语”，禅师使用这种方法来破除执著。在这种情境下，禅师不是无知傲慢，而是用这种说法来帮助修行者。说这些话的禅师，很可能说完话后就在佛前顶礼。

如果人们听到这些禅师的话，又看到他们后来的行为，也许认为他们表里不一或精神错乱。其实，这只不过是他们运用方法来协助众生超越自我与他人、涅槃与轮回、佛陀与众生之间的分别。他们尝试粉碎人们依赖的相对的观念。

许多年前，有一次在台湾举行禅七，有人问我他能不能不用数息的方法，而改用念佛？我问：“什么佛？”他回答：“阿弥陀佛。”我说：“我们这里没有阿弥陀佛，所以你不能念佛。”这个人回到蒲团上，左右张望，看到一尊阿弥陀佛的佛像，回过头来找我：“你刚刚怎么可以那么说？那边明明就有一尊佛像。”我说：“又不是我把佛像放在那儿的，是我师父放的。”

后来那位修行者见我向那尊佛像顶礼，又问：“你怎么可以向阿弥陀佛顶礼？”我说：“如果我的师父向阿弥陀佛顶礼，我怎么敢不照做？反正你就是不能念阿弥陀佛的名号。”但这个人很坚持，说：“师父，我真的想用这种方法，因为我觉得数息毫无功德。”最后，我让他念阿弥陀佛的圣号。此后，我就允许人们在禅七中使用念佛的方法。

问：让我们从因地的角度来谈——因为我们毕竟都还是在这个层次。什么是慈悲的行为？什么又不是慈悲的行为？如果某人有慈善之举，却有其他动机——不是害人，而是自私的目的；而另一个人做了同样的行为，但动机却是为了利益他人，这样是不是不同的慈悲？产生的功德是不是也不同？从接受他们善行的人来说，这些行为是相同的，但一个人可能得到巨额的免税，名字刊登在报刊杂志上，另一个人可能只是默默行善，不图名利。请问是否有差别？

师：如果某人做了善事，就有功德，那个人多少是慈悲的。问题是，那个人真正慈悲到什么程度？这要看行为后面的动机或意图。如果一个人的行为是为了利益他人，那么比只为了节税的人更慈悲。但他们都做了善行，因此都有功德。就一般法则而言，心理愈自私，慈悲就愈少，功德也愈少。

问：但是，我们所思、所言、所行都来自自私的心理，众生不可能完全无我地来做事。我想我能自动做一些好事，而不思索行为的后果，但事后看起来，可能会自我勉励一番。这样会改变我善行的功德吗？

师：做了善行，心里觉得很好，这是人之常情。只要执著于自我，就不可能没有自我中心。如果可以没有自我中心地做事，那就不涉及功德，可能就是佛菩萨了。只有在有自我的时候，才有功德可言。善行当然会造善业，得到功德，就像我先前说的，这全看你的心态。你的行为基础可能是贪心，也可能是爱心，而后者比前者更有功德。但在这两种情况中，行为和动机都来自自我。

问：执著可以分成不同的程度？还是非有即无？

师：是的，执著有不同的层次和程度。有些人对一切事情都执著，有些人极为贪心，有些人则很执著于某些事而对其他事根本不执著，还有些人欲望很浅。这全看个人而定，和修行的层次、心态、情况有关。如果你关心自己思想、言语、行动后面的动机，那么最好的方法就是修行，以便更清楚地觉察自我。

问：在佛教中，慈悲与智慧的关系如何？似乎两者携手并进，如一体的两面。但它们一定要配对出现，不能单一存在吗？它们是同一件事吗？

师：我们可以用两种方式来描述智慧。一种牵涉到自己，一种牵涉到你与其他众生的关系。运用智慧和他人相处，就是慈悲，慈悲只存在于和他人的关系中。

真正的慈悲不可能离开智慧而存在，而究竟的慈悲只有在无我、无执的情况下才会存在。

菩萨与阿罗汉

问：阿罗汉和菩萨有何异同？证得阿罗汉时，除了安住在那个境界之外，还会想去做任何事吗？如果菩萨不再有欲望的话，又是什么因素促使他们继续前进呢？

师：证得阿罗汉时，得到了什么，又失去了什么？阿罗汉是否必然为小乘的修行者？菩萨是否也是阿罗汉？在什么情况下，阿罗汉会转向菩萨道？还是会永远停留在阿罗汉的阶位？最后，如果菩萨已经止欲，是什么因素促使他们继续修行？

并不是自己想成为阿罗汉，就能成为阿罗汉；而是需要通过长期的修行，止息或根除烦恼后，才自然成为阿罗汉。有些人听了佛陀的一句话或宣讲佛经，立刻断除所有烦恼，去除贪、嗔、痴，证得阿罗汉。这种人如凤毛麟角，但我们在佛经中却读过这一类的事迹；其他人则是以渐修的方式斩断所有的烦恼。

阿罗汉分为四个阶段：第一个阶段已除去了自我观，根除了疑惑。第二个阶段则是降伏了贪、嗔、痴。第三个阶段是完全断除欲界的贪和嗔。第四个阶段是真正证得阿罗汉果，除去了三界（欲界、色界、无色界）中的贪、嗔、痴；在这个阶段，所有的烦恼都已断除。渐修的人和立即证得阿罗汉的人不同，渐修的人没有意图或欲望成为阿罗汉，他们的目标是断除烦恼。

就断除多少烦恼而言，小乘的阿罗汉和大乘的菩萨有相应之处。比方说，小乘佛教第一阶段的成就，是除去自我观，并根除所有的疑惑；这里的“疑惑”指的是怀疑三宝，怀疑能否超脱轮回、断除烦恼。这在大乘佛教里就是到达了初地；这里的“地”指的是修行的丰硕之地，从这里可以产生智慧。总共有十地，第十地就是成佛的门槛。阿罗汉的第四个阶段，相当于七地的结果。

我们必须知道的是，在小乘和大乘的传统中，这些果位是极高的。这两种途径的差别在于菩萨更强调慈悲，首要之念就是如何帮助众生。由于他们一直与众生互动，就更难根除烦恼；也就是说，他们可能已经到达了初地，而且可能已经没有任何自我观或怀疑，但依然有很多烦恼。之所以如此，是因为菩萨示现于众生的世界中，必须一直与众生打交道。因此，小乘的修行者证到阿罗汉所需的时间，比大乘的修行者成为高阶菩萨的时间要少得多。

菩萨的目标不在于止息烦恼，而在于积累功德、利益众生。到了八地时，功德依然不圆满，因此必须在菩萨道上继续修行到十地，这时所有的烦恼和执著都会根除，功德圆满，也就成佛了。

佛经告诉我们说，佛陀大多数的著名弟子都成为阿罗汉。而且从佛经中也显然可见，他们关切众生的福祉。禅宗初祖大迦叶、阿难陀和舍利弗为了众生而向佛陀问了许多重要的问题。因此，虽然他们被认为是阿罗汉，但慈悲的本质显示他们也是菩萨的理想的化身，而不只是关切自己的福祉。

进一步说，佛陀要求他所有的阿罗汉弟子弘法。比方说，他要最初随他修习、证得阿罗汉的五位比丘到不同的地方弘法，以便帮助更多人。因此，有许多阿罗汉展现出菩萨的态度。但究竟有多少，我们并不知道。在佛陀指导下成为阿罗汉的一千二百五十名弟子中，我们知道生平的只有十几位。

有一些理由来说明阿罗汉为什么可能不追寻菩萨道。也许他们没有信心帮助他人，也许他们觉得自己已经到达究竟的地位。经文中有这样的四句话："生死已了，梵行清净，所做已办，不受后有。"有些初期的阿罗汉知道这些经文，也许觉得自己已经到达了究竟的目标，自信修行已经圆满，因为毕竟佛陀已经肯定他们得到了解脱。如果他们认为没有更高的层次，那就没有必要回到人界。

也许有些阿罗汉觉得人间充满了太多的苦难。他们可能在余生中帮助其他人，但觉得对别人的责任已了。有些阿罗汉在圆寂前改变态度，开始奉行菩萨道，但其他阿罗汉则进入涅槃。从佛的观点来看，这些阿罗汉可能已得到解脱，却没有足够的功德。因此佛经上说，那些觉得已经得到解脱的阿罗汉，其实只是在涅槃中暂时休息，终究还是会回到世间。从这个观点来看，就没有永远的阿罗汉，因为所有进入涅槃的阿罗汉都会回来，并奉行菩萨道。

初阶的菩萨有很强烈的自我中心，但他们已学到要进步、成佛，就得帮助众生，否则就是自私，自我中心永远不会消除。因此，四弘誓愿的第一愿就是"众生无边誓愿度"，通过这种过程，自我中心会慢慢降低。

在初地和八地之间的菩萨，也有断除了自我执著的。然而对他们来说，目标依然是帮助别人。另一方面，小乘修行者的目标在于断除烦恼，因此他们会比菩萨更快达到目标。

最后，到达八地或以上的菩萨，称为无功用行的境界。到了这个阶段，菩萨已经很自动地帮助有情众生，就像骑自行车下坡一样，不需花费气力。我们也可以用另外一个比喻，当物体移动时，会一直往前，除非遇到障碍才会停止。在八地之前，菩萨已经聚集了力量、动能和方向，所以到达八地时，虽然不再作意要帮助众生，却会继续这么做。只要众生存在，菩萨就会继续帮助他们。

问：你说到了某个阶段，阿罗汉和菩萨就不再有自我的执著，但依然有烦恼。怎么可能没有自我却有烦恼呢？到那个阶段有什么好烦恼的呢？

师：这里有个比喻，自我就像大树的根，已经没有自我观的人就像已经断了根的树，根已经不在了，但树很大，还存在许多生命力，可能还会活一段时间，一部分可能还会成长、开花，但这棵树的时日有限。在树根断了之后依然继续地活动，就像自我感消失后依然残留的烦恼。

佛教与死亡

问：佛教如何阐释死亡？从死亡到来生之间会发生什么事？有什么东西能从此生带到来生？面对死亡该如何修行？

师：对大多数人来说，死亡是很令人恐惧的事，但也是人人必须面对、无法避免的事。然而，众生和开悟者对死亡的看法不同；而且，传统佛教和禅宗对死亡的看法也不同。传统佛教所谈论的死亡，有两种不同的类型：一种是众生，一种是圣者。首先是一般凡夫众生的死亡，这是由众生行为累积的业力，来决定未来的转世。如果恶业很强，就会投生于鬼界、畜生界或地狱界；如果善业很强，就会投生于天界；如果善业与恶业相当，就会投生于人界。

从死亡到来生的阶段，在藏传佛教中称为巴度（bardo），禅宗称为中阴身。人死后不一定进入中阴身，如果善业很强，会直升天界；如果恶业很强，会直堕地狱界；如果善恶业相当，就会经过中阴身的阶段。中阴身会重生在哪里或如何重生，没有人知道。父母创造新生命，有许多不同的方式。中阴身根据因缘，可能出生于动物界、人界或某些天界。

因此，在世的人借做佛事（诵经、布施），把功德回向给死者，可以减轻中阴身的恶业，协助死者。比方说，本来中阴身注定要投生到较低的界，做佛事之后可能转而投生于人界。如果原先会出生在恶劣的环境，回向之后可能帮助他投生到比较好的环境。中阴身本身无能为力，无法修行，也无法造新业，只能从活人所做的善业得到功德。

根据中国佛教，中阴身顶多维持四十九天；根据《西藏度亡经》，时间可以更长。这段时间长短不一，根据不同生灵、不同因缘而定；因缘成熟时，就会再生。根据中国佛教，如果四十九天后中阴身没有转世，就会立刻变成饿鬼或神祇。

如果没有转世的生灵业力薄弱，行动就有限，只会在某些时刻、某些地点出现，这就是饿鬼；如果业力比较强，活动的范围就更大，时间就更长，便是神祇。然而，没有任何东西是永恒的，最终都会重生到其他道。鬼神无法修行，就像在中阴身阶段的生灵一样，只能接收活人通过佛事所给的功德。

第二类的死亡涉及圣贤。所谓“圣者”，是指已经摆脱轮回的人；而“贤者”是指比一般人修行更深，但尚未解脱的人，例如有些祖师便是贤者。根据小乘佛教，圣者至少达到了阿罗汉四果中的初果。到达初果之后，不必超过七次转世，便能永远解脱，证得阿罗汉果。对这种阿罗汉来说，死亡之后的阶段称为无余涅槃，也就是没有残余的业，因而进入涅槃。

根据大乘佛教，初地以上的称为菩萨圣者。对菩萨而言，没有生死这回事。菩萨由于神通广大，可以同时在不同的地方或以不同的形式示现。

禅宗接受佛经的说法，但不依赖它。禅宗强调修行者必须了知没有生死、善恶、内外、过去与未来。禅宗要打破这种对立的想法，采取无分别的态度。只有具备这种态度，才能泰然自若地面对死亡，不怕死、不贪生。

问：如果终生修行却没有开悟，是不是浪费时间？还是有哪些东西可以带到来生？

师：如果具有刚才我所描述的态度，精进修行，此生开不开悟并没有差别。但我知道，这个回答是不会让你满意的。最好的回答就是：认真的修行者应该避免造恶业，这会帮助他们得到好的来生，能继续修行。如果他们做错事，应该立即知道、忏悔，这能减轻业果。

已经能掌握对死亡的恐惧的禅修者，不在乎会不会经过中阴身的阶段，也不在乎会再生到什么界。如果因缘有利于修行，来生就会修行。

至于什么会由此生带到来生，显然不是肉体，但佛教主张并没有真正或永恒的自我。决定来生以及带到来生的就是业，业又分为两种：有漏之业与无漏之业。

有漏之业，不管是善业、恶业或不善不恶之业，都是由执著于虚幻自我的众生所造的，受到贪嗔痴三毒的掌控。

其实，虚幻的自我就是业力。因此我们可以说，业力由此生带到来生；或者说，对虚幻自我的执著由此生带到来生。不管是哪一种说法，众生都会生生不断地体验业果。业种储存于第八识，也就是阿赖耶识或藏识。死后业种会继续成熟，最有力的业种会决定再生于何处、如何再生。而这个生灵，会被父母像磁铁一样吸引。

无漏之业是由不执著于自我的开悟的圣贤所造。由于不执著于自我，所以这种业的结果是无漏的，超脱轮回，不存在于第八识中。能从此生带到来生的只有智慧力，这种人只是顺应众生的需要而再生于人间，也就是所谓的乘愿再来。

问：临终时，应该维持何种心态？如果可能的话，是否应该打坐、诵经，或念观音圣号？既然禅修者应该了知没有生死，但没有达到这种境界的人该维持何种心态？

师：许多这类问题之所以产生，是因为人们听取了不同佛教传统的说法，因此会去询问许多有关死亡的问题。我先前的说法依然成立。禅修者不应让死亡的问题盘据心中。不一定要开悟后才不怕死，而且在死前也没有什么特别需要准备的。重要的是，活着的时候要有规律地修行。

如果临命终时要为自己做一些事，打坐、念观音圣号会有些用，但效果不大。重要的影响仍来自活着时的修行、所发的愿，以及发愿时真诚的态度。如果怕死或关切死后往何处去，而认为该做些事以利于死后，那就不是真正的禅的精神。禅的方式就是不论自己的成就如何，应对生死培养出无畏的态度，这种态度的养成只有来自认真修行。

人们经常问，禅修者在不同情况下应该保持何种态度，因为禅似乎与佛教的其他传统不同。我一向都这么强调：禅，除了一个例外，与基本的佛教观念并无不同。这个例外就是：传统的佛教方式谈的是不同层次的经验和渐进的过程；而禅的方式是直接的，总是强调修行。除了这一点，禅修者的态度和信仰完全符合传统的佛法。

从宋朝开始，禅宗已经吸收了其他佛教传统的一些观念，尤其是净土宗。人们那时开始关切有关死亡的问题：“如果终生修行，临死前却未开悟，会怎么样？”心中盘据着这个问题的人也许该修净土宗，因为死时阿弥陀佛会接引他们到西方极乐世界。但这种态度不是真正的禅的精神，因为它的动机在于欲望。

问：为死者祈祷或诵经是否重要？《盂兰盆经》中所描述的中国修行方式如何？

师：在亲友去世后，其实并不需要做任何事。佛事是有用的，但作用不是那么大。其次，只有在死后靠他人帮忙，不管是亲戚、佛或菩萨帮忙，都与佛法不相应，重要的是死者个人的业力和愿力。

中国对死者所做的佛事，其实并不是禅修的方式，只是方便法门。死者在生前可能没有太多修行，所以亲友做佛事、布施，希望把功德回向给他的生灵，但这样有用吗？当然有用。但对谁有用？许多人需要这些观念，因为他们在面对死亡时觉得无助、悲痛、懊悔，所以相信某种仪式对死者有用，会让他们自己好过一些。

这种信仰不限于禅宗。有一次我问一位印度教的修行者：“印度教徒相信做法事可以把死者的灵魂送到较好的地方吗？”他回答：“通常我们相信这种事情，但它与业的原则其实不相应。”我又问：“如果你的父母去世，你会不会为他们做法事？”他回答：“那当然，我宁可相信这是有用的。”

问：似乎做佛事与其说是为了死者，不如说是为了生者？

师：就某个程度而言，这种说法是对的，但我们不能说这种佛事完全没有用，那种心力的确能帮助死者。先前说过，如果做佛事的人诚心诚意，而且修行很好，也许能改善死者的投胎转世。此外，人们诵经或读经时，鬼神和其他生灵会聚集来听，从中获益。如果他们获益，死者也能间接获益。这就好比一个人在监狱中，家人以他的名义做善事，那个人虽然不会获释，但可能因而得到较好的待遇。

问：谢谢师父，你总是从禅的绝对自立的角度来回答问题。禅很纯净，与神通不相干。但我们同时也是知性的生灵，如果把慈悲和善意的心意和力量用于某人或某事，不但不会伤害人，反而是助人，造善业。

师：是的，你说得对。佛教徒，包括禅宗的佛教徒，应该为已逝的亲友做佛事。我为父母诵经，而且是认真、诚意地做。

问：假设禅修者历经了“濒死经验”，如“经过一个隧道”或“走向一道光”，或者任何神识离开身体的经验，修行者在这种情况下该怎么办？他应该被诸佛、菩萨或已逝亲戚的形象所吸引，或不予理会？

师：有濒死经验的人，不该依赖当时所体验的事，也不该把所有的信心放在那上面。首先，“起死回生”的人其实没有真正的死。有些身体的作用可能暂时停止，但脑并没有死。如果脑死了，就不可能起死回生。

只要大脑还活着，人就依然保有记忆。也许他的确与其他生灵产生互动，遇到死去的亲戚，神识到达另一个领域，但也有可能只是鲜明的幻相而已。那种经验可以极为有力，但谁又能确切地说明这些经验究竟是什么？因此，禅宗认为这些经验是靠不住的，修行者不该太在意它们。

另一方面，作为宗教经验，这些是有用的、有力的，而不该否定。即使在健康时认真打坐，也可能觉得自己到过极为美好的地方——天堂或净土，你可能肯定那个经验是真的。但这些只是个人的宗教经验。然而，禅宗主张这些是靠不住的，禅修者不该把太多信心放在那上面，或放在他们对这些经验的诠释上。

问：你所说的宗教经验是什么意思？

师：宗教经验可以涵盖许多不同的体验：深刻的顿悟，具有启示的经验，感觉与他人、世界或宇宙合而为一等。这些体验对于当事人很重要，可以帮助他们建立信心。由于宗教经验通常是自发的，不一定是修行的结果，这就使得它更具有力量。这种经验能改变一个人的人生，至少能帮助人更为安定、平和，因此是好的经验。虽然如此，禅却认为它们像其他事情一样，都是虚幻的。禅宗强调明心见性，抛弃虚幻。

问：你刚才提到这些经验“靠不住”，能否稍加说明？

师：个人的任何经验，不论多么生动，都可能不是真实的。在濒死经验，甚至梦中所遇到的死去的亲人，可能真的是死去的亲人，但也可能是鬼神或自己的想像，你又怎么能确定呢？有一件事倒是可以肯定的：类似的经验力量很大，而且属于宗教经验的范畴。但如果太相信这些经验，可能会把所有的时间都花在等待这种经验再次发生。这种现象可能就像你体验到的，但也可能来自你自己的意识。

人死后，前五识停止作用，失去感受、思维，但第六识依然存在并发挥作用。第六识可能体验到摆脱肉体的负担和痛苦，觉得很喜乐，而从意识中可能产生美丽的景象、声音、气味。

另一方面，第六识可能执著于身体所体验到的痛苦，而从意识中可能产生某些可怕或梦魇般的事。这些经验是真？是幻？我刚才的解释，把这些现象描述成第六识的产物。我并不是说这能解释所有的濒死经验，但却是一种可能的解释。存在着众多不同的解释，这个事实本身就使得这些经验靠不住。

问：有时禅的教诲似乎有些矛盾，因为它一方面很实际，主张不该依赖任何东西；但马上又谈论鬼神、天堂、地狱。在这当中，菩萨是最难令人相信的。如果他们能同时在无数的地方，以无数的形式示现，那得要有很大的想像力才能接受这种说法。然而，禅又说一切皆是虚幻的。这是有矛盾的。

师：你所说的一切都能成立。其实，人不需有起死回生的经验，也能体验到超自然的事物。即使在打坐时，也能体验到日常情况之外的东西。比方说，精进打坐时，可能心中会看到一幅漂亮的图画，你进入图画中，体验这个新世界。这是不是真正发生的呢？这是不是你的想像呢？你所想像的，与你清醒、有意识时用感官所体验到的，哪一样更真实？

经验可以是客观上真实的，但必须通过第六识的过滤，因此是主观的，并不完全靠得住。的确，第六识本身是靠不住的。佛教不否认鬼神、天堂、地狱、菩萨的存在，然而只要是通过第六识所觉受和诠释的世界，所体验到的一切都是虚幻的，当下也是虚幻的。如果要清楚、直接地体验世界，那就修禅。

末法时代

问：“末法时代”是什么意思？是否意味着世界每况愈下？有没有什么地方是根本没有佛的？如果菩萨会乘愿再来帮助众生，又怎么可能有末法时代？是否有人无法开悟成佛？

师：每一件事，包括我们的世界，都会经历成、住、坏、空的过程，所有存在的事物终归会消失。进一步说，我们必须承认，在许多方面这个世界不像从前那么好。的确，今天人们寿命更长，科技也更发达，但今人似乎比古人有更多的烦恼，而且环境显然也很糟。

众生随着个人的业力而出生于不同的世界，有善业的众生出生于比较好的世界。我们过去的世界比较好，所以出生在以前的人，他们的业比较好。同样的，佛陀周围的人也有好业。但随着时间的进展，这个世界变得愈来愈不健康，因此具有善业或深入佛法的人也比较少，今天很难修行佛法成为圣者。

末法时代的观念在古代的《阿含经》都找得到。它的意思是，人们总觉得佛法无法长存于这个世间。他们知道，佛陀进入涅槃后，随着时代的发展，热心于佛法、全心全意投入修行的人会逐渐减少。今天修得高深境界的人似乎很少。过去，许多人有可能以全部的生命和力量投入修行，离开社会，在寺院里修行。今天很难找到孤立的环境让人修行，面对的诱惑也更多。

另一方面，有些人也许会说，只要有人精进修行，有很高深的成就，对那个人来说就是正法时代。这种说法是正确的，因为对那个个人来说，这就是正法时代。

当然，宇宙中有数不尽的世界，其中许多没有佛法和诸佛；甚至在释迦牟尼佛的时代，全世界只有很少数人知道他，了解并修习佛法的人更少。对大多数人来说，既没有佛，也没有佛法。今天，全世界接受并修行佛法的人很少，因此，并不是每个人的业都与佛法有关联。

菩萨可能在任何地方示现来帮助众生，他们现在可能就在这里，但不具善根的人看不出来。进一步说，菩萨不限于地球和人界，也会出现在其他许许多多的世界。

问：这些说法让人觉得很混淆。似乎好的修行者应该随着年代的进展而增加。早年佛法的弘扬，使愈来愈多的人体验到高深的成就，这应该会增加后人接触佛法的机会，今天应该有成千上万的圣者，而且他们应该更能让人认出。但事实上，这种力量好像无法维持下去，好像要结束似的。

师：一些自认为是求法的人，并不就表示他们有足够的善根会遇到菩萨，与之交往或互动；其次，先前说过，地球并不是唯一的世界，一度居住在这里的人，不一定再投生到这里，菩萨不一定只降临到这个世界。如果菩萨示现在这个世界，看到众生并没有准备好修习佛法，也许他们会为未来的世代播下一些种子，然后离去。

我不确定佛陀本人有没有说过末法时代，但这个观念肯定存在于所有的经论中。因此，这些编者和作者显然注意到随着时代的发展，人们对佛法的兴趣会逐渐低落。其实，有末法观念是好的，这会使我们警惕：除非我们认真投入，否则成就会很小，甚至毫无成就。而且，如果我们不精进修行，下次出生的环境里可能根本没有佛法。

问：那么“一阐提”（极难开悟成佛之人）呢？我以为佛教说一切众生都能开悟成佛。

师：“一阐提”指的是没有种下任何佛法善根的人。如果他们还没种下佛法的根，那么随着末法时代的发展，将来种下善根的机会就更不可能。另一方面，如果往无限的未来看，而且承认有无数的世界，那么我认为任何事都有可能。既然所有的事情都会改变，那么众生也都有机会成佛。

《摩诃般涅槃那经》中说，一切众生都能成佛。一些早期的经典则说，有些人不能开悟；有些人具有某些特性，以致不能修习佛法有成。即使经中说一切众生都能成佛，我相信那是佛陀出于慈悲的缘故，鼓励一切众生修习佛法。佛陀说话的对象包括了修行者，也包括了老师和僧伽，如果僧伽相信“一阐提”的说法，可能就会事先判断人们值不值得传授佛法。

问：我先前以为根据佛法，一切事物彼此互动、相互关联。如果此说属实，那么佛法总会在我们身边，总会有成就的可能。

师：你的说法来自《华严经》，但必须修行到高深的程度，才能体验到那种真理。《华严经》中说，所有事物彼此相关、彼此牵连、彼此影响，但如果你只是凡夫，就不能体验到那种境界。你的身体还是你的身体，不是我的身体；你的家还是你的家，不是别人的家。如果没有开悟的人要把这个究竟的原则用在日常生活中，社会就会变得一团混乱。虽然所有的现象彼此交涉，但身为凡夫的我们并无法如是体验。

问：我认为，最好的态度就是发愿要现在修行、尽力修行，而不管人们说现在是什么时代。也许我该发愿投生到佛法昌隆的地方，以便在未来继续修行。

师：禅宗说“不来不去”，因此投生到哪里并不重要，重要的是此生此时，重要的是你在此刻的修行。不要担心末法时代和其他世界，只管当下认真修行佛法就好。

第二篇

日常生活中的修行

你是把打坐当成责任义务，还是觉得很享受？如果不享受打坐，就很难维持稳定、长期的修行。如果享受不能自然而然降临到你身上，那么就试着培养享受的态度。首先，在打坐前，提醒自己对即将要做的事要感觉很高兴。

老师的重要

问：在修习佛法时，老师有多重要？没有老师指导而持守、修习佛法的戒律与原则，会不会有问题？

师：没有良师的指导而认真修习佛法，是很困难的。仅仅由书本得到指导只是表面上看来足够，而在某些情况下会是不安全的。书本上——包括我这本书在内——谈的是抽象的原则，但书本本身无法传达修行的精微奥妙之处；书本无法观察修行者，也无法为特殊的情况提供指导。每个修行者都是独一无二的，而且他的生理、心理、情绪、气也一直在流转变化。修行者以不同的方式回应不同的情况，因此老师也必须使用不同的方法来回应修行者的情况。再者，回应与情况虽然在外人看来可能相似甚至相同，但每次都得当作独一无二的事件。只有合格的老师才能看出、诠释这种错综复杂、变化不断的种种现象，提供适当的指导。

如果医师的全部经验只来自书本，你会信任这种医师吗？每个病人都是不同的，情况和疾病也会变化。医师不只依赖书本上的知识，也依赖自己行医的直接经验，以及从他人所学到的东西。医师运用浑身解数来帮助病人，修行也是如此。你在修行时，无疑地会遇到自己不熟悉的挑战和境界，这些是来自身、口、意的反应。完全依赖书本来回答你的问题和关心的事情，是愚蠢而且冒险的事。原因如下：第一，书本并不包含全部的答案；第二，书本里的答案可能不适用于你的特殊情况；第三，你可能错误地理解书本上的忠告。因此，认真的佛教徒，不管是修习密宗、禅宗或净土宗，周遭要有合格的老师来指导、忠告、鼓励，是很重要的。相反的，偶尔修行的人虽然不需要随着老师来研习和修行，但还是以有老师指导为佳。

问：对于修持戒定慧的人来说，老师的角色如何？

师：首先，所有的佛教徒都要受持五戒，作为行为的基本准则：不杀生、不偷盗、不邪淫、不妄语、不饮酒。对于只是好奇或随兴逛逛的修行者来说，戒律表面上看来直截了当而且简单容易；但对于认真的修行者来说，戒律的原则和微妙是很复杂的，无疑会产生种种的问题。

因为许多刚开始修行的人，一些长期修行的人以及不熟悉佛教演变的文化环境的人，不明了戒律，所以很多人害怕受戒。他们可能把戒律误解为严格的戒条，而不是当成行为的准绳。他们可能不确定要如何受持净戒，是否破戒，以及破戒时要如何处理。良师，尤其擅长研习及受持戒律的良师，明了戒律的细节和微妙之处，而且有经验。他们知道在不同情况下持戒和破戒的区别，比方说，两个人可能表面上看来所说或所做的是相同的事，但一个人可能犯戒，而另一个却可能没有犯戒。

同样的，大多数人未能清楚了解禅定。在许多情况下，修行者把轻安或澄明当成禅定、甚至开悟。这是因为他们没有禅定与开悟的直接体验，所知道的全是从书本上读来的或自己想像的。必须要有合格的老师来印证这种体验的真伪、种类和程度。合格的老师体验过禅定与开悟，能从弟子对于日常活动的反应、言谈、心绪，来断定他们的心态。这种观察使老师能评估弟子的修行和成就的层次。

这些年来，许多弟子来见我，相信自己已经体验到了禅定或开悟，其实几乎所有的人都尚未得到禅定或开悟。这些并没有演变成严重的情况，因为有我在那里纠正他们的理解，引导他们走上正确的方向。如果修行者陷入魔境时，情况就危险了。魔境可以是任何东西，这里我指的是幻想自己已经开悟，或开发出神通。如果强烈地执著于这种幻境，就会成为修行路上的重大障碍。这种魔障可能来自对于修行的生理或心理的反应，并不总是简单、明显的事情。表面上，陷入魔境的人可能看起来和其他修行者一样，甚至可能连自己都不知道陷入魔境；但他们受到幻惑，可能自害害人。在最坏的情况下，人们真正相信他们是彻悟的人，而老师也不可能帮助他们回到正确的道路上。

问：要如何帮助这种人？

师：多半要看他们的业力。如果他们有善根，终究会认清自己并没有开悟，也没有神通。真正的智慧是无执，而不是知识、观点，也不是心思敏捷、自然反应。

八正道中所描述的“正见”，与真正的智慧中所描述的智慧不同。“正见”的智慧最好描述成顽强的智慧，也就是说，这种智慧能使人清楚、持续地维持在佛法原则所标示的正途上。真正的智慧来自直接体验佛法所谓的“空”。尚未体验开悟的人，必须依赖佛陀的智慧来指导及指引方向。听闻佛法是修慧的第一步。佛教把听闻佛法所得到的知识称为“闻慧”。进一步的修行导致“思慧”。最后，如果精进修习佛法，可能得到“修慧”。真正的智慧是最后一类的修慧，只能从体验空性而来。

问：请细分闻慧、思慧、修慧的不同。

师：听闻并接受佛陀的基本教诲——四圣谛、十二缘起、八正道——这种人已经得到了闻慧。经由分析和沉思而吸收并接纳了这些原则的人，开始修习思慧。起初，这种智慧来自区别与推理，然而终究会品尝到来自直接沉思的这种智慧。对于刚开始修行的人来说，可能听不懂我刚才所说的，但知性的思维和直接的沉思之间是有区别的，只有通过修行才能认识和了解其中的区别。最后，就是直接来自修行的智慧，其中最高的就是真正的智慧，也就是体验空性。很明显的，真正的智慧几乎全来自修行，但必须了解这种成就建立在闻慧和思慧上。再者，所有这些层次需要老师的指导和经验。人们可以从读书开始，但如果要认真修行，老师的帮助是必要的。

问：要如何选择老师？有没有特定的准则来帮助人决定某人有没有资格指导？

师：合格的老师应该展现正知正见，严守净戒，有能力指引他人，散发出慈悲。具有这些条件的人，至少可以教导初学者。然而认真的修行者应该寻找具有“明眼”的老师，也就是说，体验过真正智慧的人。只有体验过开悟的老师，才能分辨他人是否体验了空性。没有这种经验的老师，可能把澄明和禅定误认为开悟。

没有体验过开悟的老师，无法指导他人进行高深的修行。即使他们的禅定力很强，也只能教导他们所到达的层次，而他们的成就有如冷水泡石头，或躲在黑山鬼窟里打坐。老师如何指导他人体验自己没有体验过的事情呢？即使修行者以某种方式体验到了开悟，这种老师也没有个人直接的体验来断定这种成就。

问：人们为什么要换老师？

答：如果发生这种情况，经常是因为老参对于自己的修行不满意。也许是因为他们觉得自己卡在哪个地方或哪个方式，而不知道如何突破瓶颈。他们也许要参访很多地方，寻求协助，以期解脱困境。在他们的参访中，可能有某位老师帮助他们清除障碍或改变方向。这可能表示至少此时此刻那位老师有资格教他们。

问：老参指的是已经体验过开悟的人吗？如果体验过了开悟，他们还需要修行吗？

答：老参可能体验过开悟，也可能没体验过。体验过开悟的人依然要在合格的老师指导下继续修行。体验开悟并不表示已经克服或抛下烦恼。相反的，可能依然有很多烦恼，不知道如何前进。

老参也可能是没有体验过开悟的人，但虔心盼望在修行上进步。他们可能依然有很重的烦恼，产生障碍，而他们也许盼望处理这些烦恼以及随之而来的焦虑。

焦虑也可能来自其他来源。修行者也许焦虑于无法进步，比方说，无法参透公案，甚或无法定下心来参公案。有些人焦虑是因为参透了特定的公案，却不知道接下来要做什么。所有这些情况都是正常的，都来自修行。真正要担心的反倒是那些不在乎有没有进步或觉得没有问题的人，这种人更加受到幻惑，而且更难处理。

也有些人体验到禅定，或者可以一坐几个小时，处于没有烦恼的定境，但一从蒲团起身，烦恼和散心就回来了。其实，他们可能只是在打坐时安定。还有些人体验过悟境，但没有培养出禅定力，因此也受烦恼之苦。这种人不论年纪大小，都可视为老参，但依然需要跟随良师修行、用功。

问：身为老师，你如何判断弟子的体验和层次？你的准则为何？我们怎么能确定你的观察是正确的？

师：问这种问题已经是错误的态度了。如果弟子寻找老师时存有这种态度，就永远找不到老师。初学和老参都应该信任他们亲近的老师，不该存有审视、观望的态度。比方说，有些老师可能会做一些奇怪的事，目的只是在考验弟子。弟子必须保持心胸的开放与真诚，才能从老师学到东西。另一方面，如果老师在男女关系、钱财或权势方面重复表现出错误的行为，弟子就该离开。

问：你的说法让我摸不着头脑：先是说弟子应该信任他们追随的老师，不去诠释他们可疑的行为，后来又说老师的行为不当时，学生应该知道。我们如何知道？如何认清错误的老师？

师：最重要的就是能够判断老师是否对于佛法有正确的看法。如果他们对于佛法的看法正确，即使行为有些缺失，也不该被认为是错误的老师。另一方面，如果老师对于佛法的看法不正确，就不能认为他们是可靠或有德行的老师。当然，这预设了下判断的人对于正确的佛法已有一些了解。不了解佛法，修行者就无法分辨老师是真是假。

此外，有些基本的准则可以用来评断老师。第一，考虑他们的因缘，换句话说，他们的行为应该以空性为基础，做任何事情都不该有执著。第二，考虑他们的因果或业报，引导有德行的老师言行举止的空性（因缘），应该相应于他们的业报（因果）；也就是说，他们的行为应该受到责任感的引导，随时明了自己行为的后果。因此，责任和无执之间关系密切。

因此，有德行的老师特征如下：具足佛法的正知正见，言行举止展现出无执，具有清楚明了的责任感。

问：有关被误导的师徒，我曾听过“野狐禅”的说法，不知那是什么意思？

师：“野狐禅”描述的是并未真正体验到空性，却宣称自己已经没有执著的人。它的意思就是误假为真——未得言得，未开悟而假装开悟，提供错误的教诲，未开悟但讲起话来却像是开悟者。

“野狐”这个词来自百丈禅师的轶事。有位神秘的和尚前来请问有关佛法的疑问。在清除疑窦之后，这位和尚请求百丈禅师为某地的一只死狐狸举行仪式。原来累世之前，这位和尚对于开悟和业力提出了错误的教诲，以致一直转世为野狐。全赖百丈禅师纠正了他的谬见，使他摆脱连续转世为狐的命运。

口若悬河的人经常能侃侃而谈空性的体验，假装已经开悟。有关师徒对谈的公案，这类著作已经汗牛充栋。有些弟子在言谈中夹杂来自这些轶事的观念，而他们的言语并没有真正体验的支持。不幸的是，一般人甚至有些老师通常都难以判断。但当他们和真正开悟的人交谈时，真相便会浮现。没有真正体验的人，即使反应再灵敏，终究还是会泄露出自己欠缺经验、不真诚。

问：“上师崇拜”是什么意思？禅宗有没有这种观念？

师：“上师崇拜”指的是弟子把老师当成开悟的具体表征，把修行致力于崇拜、尊敬这些老师，类似把佛、法、僧三者合并到一人身上。这种方式不存在于禅宗的传统，而存在于西藏密宗的传统。藏传佛教只能直接师徒相传，换句话说，没有老师就没有传承。

在禅宗的传统中，老师的角色是帮助及肯定修行者的修行。老师并不传法，而是决定修行者是否已经体验佛性。禅师只能指引你去体验和开发自己的智慧，并印证你的体验，师生之间的关系更像朋友，而不像上师与弟子的关系。中国人说，师生之间的关系是“三分师徒，七分道友”。

问：但在我看来，禅师的行为经常和上师相似。

师：在中国的传统中并不是如此。释迦牟尼佛自己说：“我不领众。”释迦牟尼佛教人使用佛法，却总是把自己视为僧团的一分子。

问：如何区别老师与佛法的教诲？

师：佛法由抽象的原则所组成，而这些原则最好是从老师学习。

再者，如果你盼望尊敬佛法，就得尊敬老师，因为人们是通过老师学习正确的佛法。因此，要真正深切地修行，就得有合格的老师。你也许可以说佛法是你的老师，但佛法要靠老师来传授。老师引导、指点你，因而是修行中极重要的一部分。如果你必须区别佛法与老师，那就把老师的教诲当作佛法，把老师的行为当作他自己的事。

问：如果老师不断犯戒或行为不端，弟子该留在他们身边吗？

师：那要看弟子而定，是不是还有更多要学的？你有没有受到伤害？如果你受到伤害却依然留下来，就会产生心理问题。那为什么要留下来？如果没受到伤害，而且仍然可以学习，那就考虑留下来。

问：可不可以寻找、跟随一位以上的老师学习？

师：在佛教史上，有许多例子是弟子因为老师不能帮助他们进步，不满意而离开。也有些例子是老师要弟子离开，告诉他们因缘不具足，应当另寻老师。有时学生觉得无法再从老师那里学到任何东西，但与僧团里的其他人谈过之后，他们心生了解并继续追随同一位老师。也有时弟子离开老师，参访其他地方，试过其他老师之后，回到原来的老师身边，并且能再度从他们学习。

然而，同时有许多位老师通常会导致混淆。如果一位老师教戒律，一位老师教经典，一位老师教打坐，这种情形是可以接受的。但同时跟随几位老师修习禅定和智慧，很可能会产生问题。

问：老师如何继续修行？如果成为老师之后依然有问题，或没有体验开悟，那该怎么办？

师：我只能谈我自己的经验。我成为老师来自个人特殊的因缘。我没有想要当老师，因为有人知道我的背景，知道我有资格当老师，而请我指导修行。当时我并没有想要教人，更别说要指导人禅修了。但我一直在教人，而且教学相长，就像水涨船高。有好弟子来，我就会变得更好。通过教学的过程，我发现自己需要改进的地方，并努力改进。这并不是说学生比我好，而是每一个弟子都是独特的，因此我学到以适当的方式来处理每一个弟子。这回过头来也帮助我自己的修行。其实，这种过程持续到今天。我持续不断地教，我的指导方法就变得更清楚、更仔细、更多样。现在，如果学生有问题，我几乎立刻就知道问题所在，立刻就知道如何处理。我得到的经验愈多，自己的修行就变得愈扎实稳固。

问：能不能多谈谈你发展出的这些技巧？我觉得有些老师没有引导学生的经验，有些老师则没有资格。有没有方法来培养这些技巧？

师：很难说。这不像是在学校可以学到的清楚描述的技巧。这是具有能力观察别人的心灵、行为和反应，然后能采取对应的行为。老师必须培养了解别人的敏感，清楚表达和指导的能力。这不一定和老师自己的开悟经验相应。有些阿罗汉虽然自己证得果位，却不会教人。

老师应不应该继续修行，这个问题根本不值得一辩。不论是不是只是修行者，或者是老师、禅师，甚或已经开悟的人，修行应该是一辈子的事。依然有公案要参，依然要默照，依然要礼拜三宝，依然要打坐。时时刻刻都是修行的机会。释迦牟尼佛甚至在成佛之后依然继续修行。

问： 为什么？禅宗不是说开悟之后可以放下一切，无事可做？

师： 如果你说的是彻悟，那么只是字面上正确，但结论错误。基本上在彻悟之后，心里没有“一定”要做什么事，但依然有事要做，依然与环境、他人互动，依然修行。然而，就像我所说的，不是说开了悟就摆脱了烦恼。相反的，开悟的人更清楚知道依然存在的烦恼，因此必须继续修行，培养禅定力，一悟再悟，开发慈悲心。修行是永不终止的。

问： 开悟者的心灵状态如何？

师： 这个问题很复杂，要看开悟的程度如何；而且，体验开悟和真正开悟有很大的区别。开悟的经验是深见的灵光乍现，这种时刻来而复去，只留下那个经验的记忆和力量。再者，开悟的经验可深可浅。浅悟的人可能清楚自己的烦恼，但依然无法时时控制烦恼。深悟的人知道烦恼何时生起，从何生起，因此可以使它不出现。同时具有开悟经验和禅定力时，这种知觉就会增长。具有深悟经验和深禅定力的人不受烦恼之苦，因为即使烦恼要现前，他们也不会动摇。

那也就是为什么开悟经验和禅定力如此重要。当烦恼出现时，可以用禅定力来阻止它掌控。如果只有开悟经验而没有禅定力，依然会受烦恼之苦。

只有开悟而没有禅定力是不扎实的，而禅定也不一定导致开悟。另一方面，培养出禅定力的人，很可能会体验到较深程度的开悟。相反的，体验到开悟的人，很可能会进入与空性相应的禅定程度，在这种禅定中没有自我中心。

问：我们该如何来理解“传法”？

师：其实，法不可传。所谓“传法”只是认可。传法和传继承人是两码子事。传法是认可一个修行者的心符合空性，那是老师对弟子的印证。其实，无法可传。一代一代的传承主要是执事的头衔。

菩提达摩从印度到中国时，并不是带着佛法来的。法是无处不在，无时不在的。得法之人只是体现了自己的真心。老师只能给人印可，也就是承认法脉的延续，那不是传递智慧。一代可以印可下一代，但其实无物可传。

问：如果方丈也是合格的禅师，不是必须把方丈之位传给体验真性的人吗？如果没有这样的弟子呢？

师：方丈不必有开悟的经验。如果下一代没有人具有开悟的经验，依然要指定方丈之职，因为毕竟得有人照顾寺庙。每个寺庙依然要传方丈之位。那时禅师得寻找别人作为合格的老师，因为方丈未必有那种能力。

问：在佛教传法中，没有得到印可却自认开悟而指导别人，有没有这种情形？

师：这种人也许自行其是，但在禅宗的记录中不承认这种人。

问：禅宗的传统没有中断吗？

师：禅宗的传统没有中断，但在禅宗史上有些人坚持自己是合格的老师，而开启新的传承。

单独修行·集体修行·随师修行

问：单独修行、集体修行及随师修行，各有什么有利和不利之处？

师：我们可以在不同环境下修行：个人修行，集体修行，短期修行，长期修行，每日修行，定期密集修行。个人修行可以是放松的、定期密集的、短期的或长期的；集体修行也一样。我们也可以从在家人和出家人的不同观点，来看这些修行方式。底下针对所有不同情况加以说明。

在所有的情况下，不管是单独或集体，在家人或出家人，最好是在合格的老师指导下修行。没有老师的指导，修行很可能效果不大。原因之一是，随师修行可以节省时间，因为老师的了解与经验可以帮助你牢牢掌握修行的精要，培养对佛法的正知正见。这可使你更快摆脱身心的烦恼。跟随老师可以把花在研究经典和担心误入歧途的时间节省下来，专心一意修行。

然而有些利根和根基深厚的人，也就是累世以来修行良好的人，不管有没有老师的指导都能进步很快。他们能了解佛法，不误入歧途。比方说，释迦牟尼佛在彻悟之前跟随许多老师学习，但不满意于他们的教导，而独自修行六年，直到放下一切之后方才开悟。因此，释迦牟尼佛虽然有老师，却是自我开悟。六祖惠能也是无师而开悟。在他的情况下，只听到一句《金刚经》就够了。后来五祖印证了他的开悟，但基本上《金刚经》是惠能的老师。

显然，这种人是凤毛麟角。除非修行者自认和佛陀、六祖相当，否则我建议他们寻求良师的指导。如果修行者有心理障碍或修行困难的话，老师可以帮忙解决问题。再者，如果修行者有某种修行体验的话，老师可以断定那种体验是真是假。如果单独一人，修行者可能会自我欺骗，把虚幻的经验当成开悟，那会不利于修行。

身为修行者应该有特定的方法，也应该了解修行的目标。应该每天排出一段时间来修行。除了每天打坐之外，偶尔应该投入更长的时段专事修行：每周一天，每月一整个周末，并且每年一次或更多次的禅七。

如果很认真专注的修行者想要单独闭关一个月，一年甚至数年，必须先符合一些标准。首先，必须对于佛法和修行要有正确的掌握。其次，身心健康的程度应足以忍受长期单独修行的严苛。第三，对于修行方法应该运用纯熟，换句话说，应该能够处理修行过程中所发生的身心现象，并且随着修行的进展，能修正、改进自己对于佛法的了解。在大多数情况下，强烈的体验都是虚幻的。最好的态度就是不理会所有生起的不寻常现象、感受、念头和感觉，保持超然、无求、冷静的态度。记住，我所说的是在修行中生起的体验。如果生病或受伤，就要处理，不要呆呆地不理会。

如果不符合我上面所说的标准，修行者可能会产生严重的身心障碍，而不知如何处理。因此，初学者不该尝试闭关。其实，对大多数人我都不会推荐闭关，因为它极为严苛。大多数人最好是在团体中修行（以五个或五个以上的人为佳），不管有没有老师。同样的，有老师指导总是比较好，但没有老师的集体修行胜过没有老师的单独修行，因为在团体中如果一个人有问题，其他人可以帮助。

问：但是，其他人怎么知道他们所说或所做的是正确的？他们可能伤害那个有问题的人，而不是帮助他。

师：如果某人有问题，而你把它提出来，这已经是帮助了。当然，如果团体中至少有一个有经验的人，那就更好了。

问：告诉修行者不理会他们的体验，这是不是最好的方式？

师：不一定。如果他们体验到的是典型的生理或心理感受，可以要他们不理会；但是如果他们的问题是有关方法或佛法，那么比较有经验的人就该试着回答。如果你不知道答案，就坦白说自己不知道。如果你认为自己知道答案，就回答问题，但聪明的方式是说明这个答案只反映你体验到的层次。再者，如果有人身体疲倦或心生挫折，头痛或身体疼痛，你必须提供方法来帮助他处理问题。常常，最好的回答是告诉那个人放松或休息一会儿。

集体修行胜于单独修行的另一个原因就是作息更规律。一个人修行容易懈怠，时而漏掉打坐，但在团体中你觉得应该参加打坐，好好修行。看见别人修行，往往会激励自己修行之心。

身为在家人应该努力参与集体修行。如果住在寺庙或禅修中心附近比较容易，因为环境和作息已经固定，你可以在早晚或周日、周末参加。如果不是住在寺庙或禅修中心附近，就得随遇而安。虽然不容易找到几个人可以每天打坐的地方，但团体愈常固定聚会，愈有利于每个人的修行。

团体也应试着安排每周一天或每月一个周末来进行更严格的修行。如果花更长的时间（四到七天）认真修行也很好。

问：没有老师指导而闭关，有没有某个安全的时间限制？

师：没有老师指导而进行长期的密集修行并不好，可能会产生问题。参加没有老师的几天修行，已经算是认真了。这时不宜严格遵守密集禅七的规矩，最好能有更轻松的气氛。

还有其他修行方式不像打坐这么严苛，比方说诵经，这类修行方式可以在没有老师的指导下进行。我在台湾的寺庙有时在我离开时举行佛七，唱诵佛号。

在我所描述的所有情况中，集体打坐比较容易，也比较好。个人闭关而要遵循固定的作息是困难的，任何的外务或烦恼都可能打断修行。一个人要好好修行得有很大的意志力。

至于短期和长期修行，其结果和进步全看你体验的程度、业力和因缘。长期修行不保证会有更持久的体验，正如短期修行未必就不会有体验。只要你修行，那就是好的。把所有的精力放在眼前的打坐上。如果每次打坐都能维持这种态度，就会进步。

我一向强调日常修行的重要。固定的打坐时间固然重要，但并不是一离开蒲团，修行就结束，而是要在所有的情况下都维持正念。

不管是做自己喜欢或不喜欢，有利或不利的事，试着不要把自己放在中心。搁下自我中心，培养慈悲心。自己所做的每一件事都要有利于别人；这会逐渐减低自我中心。最重要的是，做任何事时，专心一意、清清楚楚、明明白白地去做。不要懈怠，让自己的心散乱。这就是日常修行，这就是正念。

对大多数人来说，这种生活方式是不可能的。为了以这种方式来修行，必须每天打坐，并且定期参加更密集的禅修。

大多数的在家人因为责任义务的缘故，无法长期稳定、认真地修行。但如果单身而且工作有弹性，就可以投入一年或更久的长期修行。在大多数情况下，这种人住在寺庙或禅修中心，那里的环境有利于修行。许多在家人可以暂时采取这种方式，他们密集修行，离开去工作一段时间，再回来修行。这种方式虽然有益，但不是真正的长期修行。最好的方式是住在寺庙或禅修中心，连续修行几年。

以上所说的都是针对在家的修行者。出家人的正确态度与在家人有根本上的不同，在发誓之后，理论上他们抛下了自我中心，把全副的时间和努力投注于修习佛法。出家人没有家庭、事业或财产，也没有世俗的责任义务。出家的真正意义就是抛下一切（才智、感情、自我、欲望、身心），除了弘大的誓愿和佛法之外，其他一切都抛弃了。

许多人说禅中心（Chan Center）属于我圣严师父。他们错了。我在这里生活、工作，但这不是我的地方，也不属于住在这里的出家众。出家之人一无所有。如果出家人心想："这是我的家"，就应该马上记起出家的意义。真正的出家人除了修行之外一无所有；无忧无虑，没有个人的目标。在外人看来，他们工作、言行举止，似乎与在家人一样，但对于僧侣来说，一切都是修行。在家人很难维持这种态度。

问： 师父，我不同意这种说法。的确，出家人发誓，离开家庭，但那是仪式，纯粹是知性的观念。大多数的出家人和在家人一样。我看在这里生活、工作的出家人，他们和我一样有责任，其实他们的责任和工作看起来比我还多。他们得付账单，处理法律事情，接待和照顾访客，社交行程很忙碌。他们好像以一个家代替另一个家。

另一方面，身为在家的修行者，我为什么不能拥有僧侣的态度？是的，我得工作赚钱，但那是我赖以维生的方式。然而在我所做的一切事情，不管是工作或与家人相处，我都试着把它当作修行，试着在做每一件事时都维持正念，试着奉行戒律，实践佛法。如果在家的修行者具有这种态度，又与僧侣有什么不同？

师： 不同之处在于出家人的责任仅仅是责任，如此而已。僧侣在做任何事时，都没有感情的介入和执著。让我换个方式来说，出家众在做任何事时都不该有感情上的牵系，而他们的生活环境有着种种规矩，时时提醒他们这一点。相反的，大多数的在家众在感情上执著于家庭、工作、财产。然而，如果能以出家人的态度来修行，超离任何事情，那么你说得不错，这就与出家人没什么不同。唐朝的庞居士［740 至 808（811）年］是富有的在家人，成就却很高，他能散尽家产，以编篮子维生，便是一个好例子。

僧侣应该能放下世俗的自我。但这并不是一蹴可即，不是立下誓愿，剃去头发，换上僧服，立刻就能掌握那种态度；而是逐渐的，一辈子的过程。这种态度不是可以赢来或传承来的，而必须是修来的。

每日打坐之道

问：如何进行每日的打坐修行？

师：这是一个重要的问题，虽然在一些修行人看来也许是显而易见的，其实遭到许多人误解。我经常在想，到底有多少人只是因为不知道如何进行，以致在日常修行中卡住了。正确认知日常修行是很重要的，因为这是我们最常做的事——自己一个人，离开禅中心，没有老师的指导。

首先，要有适当的心态；其次，要知道如何正确使用方法；第三，在使用方法之前和使用方法时，要放松心情。这说起来容易，但许多人不知道如何放松。有些人太努力去放松，结果反而变得更紧张。其他人则过于放松，以致昏沉或散乱。这两个极端都是错误的。那也就是为什么修行的适当心态是如此的重要。

什么是适当的心态？就是告诉你自己，每天花在修行上的时间是最享受、最舒服、最愉快的时间。由于我们每天不是花那么多的时间打坐，所以安排用来修行的时间是很宝贵的。如果你有这种态度，打坐时就不会觉得紧紧张张或昏昏欲睡。

你是把打坐当成责任义务，还是觉得很享受？如果不享受打坐，就很难维持稳定、长期的修行。如果享受不能自然而然降临到你身上，那么就试着培养享受的态度。首先，在打坐前，提醒自己对即将要做的事要感觉很高兴。我还是学生的时候，每天早起，吃早餐，早餐和午餐相隔六个小时，因此十一点时我已经饿惨了。最后一节课是从十一点到十二点，下课钟响时，我很高兴，因为午餐的时间到了，我的身心就融入这种喜悦中。你们对于打坐应该培养出这种态度。

当你打坐时，把它想成是无忧无虑的时刻，其他时刻则免不了要考虑到困难和责任。打坐是身心摆脱负担的时刻，会是一种解脱。打坐时有机会放下其他一切事情。

要确定你的姿势正确，然后忘掉身体。如果担心身体，就不能放松。然后告诉你的心要自由自在，告诉自己不要用任何方式来限制你的心、想这想那的。放下，但却不是以做白日梦的方式。在那一点上，观察你的心，看它往哪里去，但不要跟着去。如果跟着念头而去，就是让念头控制了你。但如果跟着念头去了，也不要对自己生气。一旦知道自己跟随散乱的念头，这些念头通常自己就会离去。

如果你跟着散乱的念头而去，就是把自己的觉知限制在那个特定的思绪上。如果不跟随散乱的念头，心灵便是自由、开放的。告诉你的心，它要上哪儿就上哪儿，但你不会跟着去。这时你的身体就会放松，心就会自由，因为你没有以任何方式来限制它。这是最享受的时刻；无事可做，身心自在。如果你没有念头，那很好，就维持在那种状态；如果念头升起，就注意你的呼吸。如果呼吸细长平顺，那表示你很舒服，甚至不必继续注意呼吸。如果你的心清明，就只管打坐。然而，一旦你开始知觉到自己的身体，就要确定自己的姿势正确。我希望你能做到。不要认为你是因为欠人什么，而不得不打坐。

问：我教人打坐时，告诉他们这是澄清心灵思绪的方法，但有人说不可能不去思考。他们说，人总是在思想，即使什么都不想时也是如此。可不可能知道某件事情而不加以观念化，不去思考或推理，而只是单纯地觉知？

师：你的学生是对的，因为很难去想像一个从来没有体验过的状态，不打坐的人也很难体验打坐的状态。认为自己没有在思想时，那也是在思想。打坐可以使人达到没有起伏、没有散乱、没有混淆的情况。你达到平静的境界，心是安祥的，没有波浪起伏，那也就是“澄明”的意思。在那种情况下，依然会有念头，但如果你维持住澄明，就不会执著于念头。

问：因为时程紧迫或其他障碍，而没有足够时间打坐的话，要如何修行？

师：在忙碌的一天中，尝试找些零碎的时间打坐，使你的心放松、澄明。不一定非得坐在蒲团上，也不一定非得半个小时、一个小时。偶尔找三五分钟打坐，不管是在办公桌前、车上、巴士或火车上，这随时随地都做得到。放松身心，呼吸，定心，让自己的身心恢复。

如果忙得甚至连五分钟都排不出来，那就试着在工作、走路、谈话时放松身心。把工作当成修行，用心于自己的所言所行。我就是这么做的。我在台湾时，从早到晚都没有私人的时间。只要我想到，就试着放松身心。我试着不受不相干的事情烦扰，让它们随来随去。那需要努力和时间，但不是太难。如果我做得到，你也做得到。

问：通常上下班时，可以在火车上打坐吗？在火车座位上很难维持正确的打坐姿势。

师：我也教立禅和坐在椅子上的打坐法。坐着时，最好背部不要有任何依靠，如果实在没办法，就只能尽量。在火车、巴士和汽车上安坐是没有问题的，但开车时不要打坐，而是练习正念，也就是安住在当下，把心放在动作上，开车时就专心开车。

问：有些人一打坐就睡觉。他们平时可能生龙活虎，但一要打坐，就昏昏欲睡，十分钟之后就在与睡魔搏斗。疼痛至少还可以使人维持清醒，但昏沉则是悄悄而来，把人拖下去，防不胜防，会令人沮丧。这可不可以视为业障？有什么对治的方法吗？

师：如果谈到业障的话，那范围就太广了，但我们可以用一些具体的方法来处理那些情况。你可以事先做些头部和身体的运动，来放松自己的身体。打坐时，确定背部挺直，收下巴。只要不昏昏欲睡，背部稍弯是可以的。只要一觉得想睡，就挺直背部，做些深呼吸。如果深呼吸不见效，就配合肩膀紧松的动作。也可以睁大眼睛直视，直到眼睛充满泪水为止。所有这些技巧都可以帮着去除昏沉。如果总是爱睡，就坐个十分钟，然后起身，做些运动。即使十分钟的打坐也是有用的。运动之后，可以试着再坐。

问：为什么正午和午夜不宜打坐？如果那是唯一可以打坐的时间呢？有一位著名的禅坐老师说，正午和午夜是打坐的好时间，而要避免清晨和黄昏。一天之中的时间为什么会有这些区别？这只是个人的偏好，还是有更重大的缘故？

师：偶尔在正午和午夜打坐不该是问题，但最好不要养成习惯。这位老师所说的，可能对他自己是成立的。我不知道这只是他个人的偏好，还是有其他的缘故。但正常情况下，午夜时分应该睡觉，或至少是疲倦、休息的时间，尤其是如果已经工作了一整天的话。

避免正午和午夜的说法来自中医，这不是我个人的意见。中医主张日月星辰、磁场、宇宙都会影响我们的身体，有某些节奏会影响所有的人。如果定时在正午和午夜打坐，可能与星球运转和自己身心的节奏失衡。如果只是偶尔为之，不会有任何问题。如果是有经验的修行者，也不会有任何问题，就像你提到的那位老师那样。

至于什么时候打坐，如果你不愿意坐，就不要勉强自己。如果勉强，就会逐渐厌恶打坐。如果坐了十分钟，你知道的确不是打坐的时机——并不只是一些散乱的念头这么告诉你——就起身，做一些运动，然后试着再坐，不要勉强。一定要分配一些时间来打坐，而且告诉自己会享受打坐。如果这时感觉不好，就起身，做一些运动，觉得比较好的时候再试着去坐。一旦时间到了，便可结束。我通常告诉初学者，一次坐个二十五到三十分钟。

问：你先前所说的，只管打坐，让念头自己离去，这种说法听起来更像是曹洞宗。你通常教的似乎是更有组织的方法，而这里所说的像是我在《禅心・初心》（*Zen Mind*，*Beginner's Mind*）中所读到的。

师：《禅心·初心》教你只是把心放下，但初阶的修行很难做到，因为需要类似数息的方法来集中你的心。有些人很难用上数息的方法，我就要他们“只管打坐”。在这种修行方法中，全部的焦点放在打坐中的身体，而不管其他事，因此称为“只管打坐”。有些人这两个方法都用不上，他们杂念太多，无法只管打坐，却又控制或强迫呼吸。通常我都要这种人念佛或念咒，这两个方法也能让修行者的心稳定下来。

问：什么样的咒语才好呢？

师：任何东西都可以是咒语。有些咒语本身就有力量，尤其有很多人一块大声重复诵念时，更是有力量。愈多人使用，咒语的力量就愈大。使用自己的咒语力量不会太大，但有些咒语，像是大悲咒，每一句都是菩萨的名号，是极为有力的。然而，禅宗不管个人的力量，因此任何咒语或用语都可以。作为禅修的方法，咒语应该简单，目的在于集中心。

问：我们大多数人的生活忙碌，行程紧凑，刚开始打坐时极为散乱。你说我们应该告诉自己乐于即将要做的事，并且放松，但那可能很困难。你可以告诉自己安定下来，但那并不表示你就能安定下来。以数息开始，安定下来之后再改为只管打坐，那样是不是比较好？

师：可以那么做，但依然应该用我刚刚说明的态度来打坐，把它想成是一段珍贵的快乐时光。这会帮助你的心更快安定下来，让你在开始打坐之前就已经放松了。这种态度不会立刻成为习惯，必须培养。如果刚和人吵过架，很可能就无法静下心来打坐。但如果能培养出我描述的那种态度，就会说："只管打坐吧。"

问：通常你告诉我们不要改变方法。以数息开始，然后转换到只管打坐，似乎显得不一致。

师：如果一直改变方法，就找不出哪个方法适合你，这样就无法深入一个法门。最好是使用一个方法，如果你的心足够澄明，应该不难做到。当弟子到达更高深的层次时，我就教其他的方法。

至于你所说的那种情况，是在进入只管打坐之前，以数息来使自己的心安定下来，是用它来当垫脚石，那是可以的。我不鼓励的是随便或经常换方法。如果你开始数息，然后转换到只管打坐，结果很好，就尽管去做，但不要换来换去，否则两种方法都不得力。

问：有时你说数息是最基本的方法，后来又介绍其他的方法。有时你说任何方法都可以带人一路到"彼岸"。在我看来，似乎数息是我终究得放弃的基本方法。

师：我可以用个比喻来说明，虽然这个比喻未必尽然恰当。数息是基础，就像走路，几乎每个人都会走路，但有人也会骑自行车、开船、开车、开飞机。从一个地方到另一个地方有许多的方法，走路是其中之一；虽然走路看起来是最慢的方式，其实未必，大家都知道龟兔赛跑的故事。走路虽然慢，却稳健。

数息是个好方法。《阿含经》说，使用数息法可证得阿罗汉果，也就是彻悟。如果使用这个方法一段时间，然后改变方法，那是可以的。比方说，你可以换为练习只管打坐，或参公案、话头，那就像是先走路，然后跳上火车。如果你只是走路，能到达目的地；但如果改为坐车，也能到达目的地。最糟糕的是，任何一个方法都没有下工夫，却经常在换方法。

数息是基本的方法。使用这个方法能更清楚地检视自己是不是在用功。这是很好的方法，否则我就不会教它了。

问：喜欢坐多久就坐多久，喜欢起身就起身，这种说法使我困扰，因为其中没有纪律可言。许多念头在心中出现，如果每个念头都要处理，就坐不久。坐个五分钟，可能就觉得肚子饿；坐了十分钟之后，可能就心想打坐没有用。但坐个一段时间之后，可能转念一想，认为自己坐得好。真的，打坐的整个目的就是看这些念头来来去去、起起伏伏。如果不坚持坐下去的话，就无法体会这一点。如果起身，就无法知道这一点。坚持坐到底不是更好吗？

师：不是说心中升起任何念头就起身。我先前的说法指的是你在生理或心理上难过得受不了。在这种情况下，那种感觉很可能不会离去，硬坐下去只会使情况变得更糟，因此最好是起身。如果你觉得疲累或兴奋，有时可以坐下去。但如果情况愈变愈糟，最好还是起身。重点在于不要使打坐变成负担，使人厌恶打坐。

但如果你没有决心，经常找借口，那就不可以。比方说，如果你有事情必须明天完成，是有理由不打坐的。但如果只是为了玩拼字游戏而不打坐，理由就不充分了，那只是在骗自己。是不是好理由，自己心知肚明。因此要对自己诚实，自我规范。这全看你自己的。

我所描述的方式是日常修行，不是禅七。禅七时有固定的作息，该打坐时就打坐。禅七时的那种投入和纪律，在日常修行中并不常见。如果能把那种精进带入日常生活当然很好。但我要人，尤其是初学者，觉得日常修行是舒服的，而不是困难的。如果使用这种方式，人们不会推托或放弃，会尝试，一试再试，渐渐就能稳定地修行了。而且，在日常的例行事情中，人们有可能变得紧张、混乱。如果他们要修行，很难立刻安定下来。在那些时候，这也是个好方式。人们在运动或慢步经行一段时间之后，会更放松，更容易打坐。

问：你说我们应该把打坐想成是愉快、美妙的时光。我在理性上可以说打坐是一件美妙的事。我知道这一点，但有时感觉有些不同，很难让感觉和想法一致。不只是打坐，许多事情也都是这样。有时我觉得自己像是两个不同的人。

师：你必须培养这种技巧。我用个比喻来说明。如果你学打网球，起初可能觉得挫折、沮丧，因为不是打不到球，就是打得不好。但练习之后，技巧就进步了。坚持练习下去，到了某个时刻，就成为自然、享受的事，会热切盼望打网球——因为打球而得到的健康，则是额外的收获。

你必须把打坐的修行变成一种习惯，在下意识里给自己暗示，告诉自己打坐是一种乐事，是美好的时光。要创造出这种态度、这种气氛，即使你知道自己不可能总是有这种感觉。如果一做再做，就会训练自己。告诉自己这种享受比其他的享受都好，这是一段珍贵的心灵时间，要自我训练。开始的时候并不容易，可能办不到，但要继续试，这也是修行。

日常生活中的修行

问：*如何把修行纳入日常生活？打坐与修习慈悲有什么关系？*

师：日常修行分为两种：固定的修行和日常活动的修行。固定的修行就是每天在特定时间打坐、拜佛、诵经，或做早晚课，可以用任何方式来结合。这些修行应该遵守固定的时程。

固定的修行是很清楚的，但在工作、通车、娱乐、社交……时要如何修行呢？其实是有可能在这些情况中修行的。通常人们一想到修行就是打坐或研习佛法，但禅宗强调，不管是在固定的修行或在日常例行的事情中，都应该利用每个时刻。所有的时间、情况、环境都是修行的机会。

在《华严经》中有一章著名的偈诵（三皈依就是由此而来），谈到人们所有的言行举止，行住坐卧等，心中时时都要以众生的福祉为先。这种心称为菩提心，该章的宗旨便是教导菩提心。

修行菩萨道的人遵循四弘誓愿，其中第一誓“众生无边誓愿度”

便是帮助众生。如果能时时想到利乐有情众生，慈悲自然会从思想及行为中升起。修行者的最大障碍就是贪嗔痴三毒，把自己的利害得失置于别人之前，三毒就会现前。

时时检点自己的傲慢、帮助他人的修行者，知道只有通过众生才可能有所成就。只有通过与他人的互动，才能培养出慈悲与智慧。当然，帮助别人背后的动机和用心也很重要。期盼他人的回报甚至感激，都只是为己，与菩提心不相应。身为修行者应该感谢众生给我们无穷的机会来修行菩提心及培养功德。

若是没有众生，菩萨就不能成佛。因此修行菩萨道的人，应该尽量帮助需要帮助的人，并且感谢那些让我们帮助的人。在所有的情况下，都应该感激众生。这种态度会使人减轻傲慢和愚痴。

三毒和憎恨很容易自我们心中升起。贪婪来自想要更多的东西。吝啬是贪婪的产物：执著于自己拥有的东西。嗔怒来自有人或有东西阻碍我们得到我们心里想要的。憎恨来自有人不像我们，或太像我们。愚痴来自我们自认高人一等。这些感情都来自自我中心。因此，修行之道就是单纯地培养菩提心，帮助他人，而不陷溺于自私自利的烦恼。

比方说，感恩节前夕我请克里斯来禅中心，当天晚上和第二天帮忙编辑和处理一些文书工作，克里斯答应了，那很好。如果他是自我中心很强的人，可能就不会答应。但这种情况比表面上看来更复杂。克里斯在假日来禅中心工作，可能帮助了我，却伤了他的家人，因此我向他和他的家人道歉，并且希望他的伴侣玛利亚不要心里不好受。克里斯说玛利亚不会觉得不好受的。我说，也许因为她认为我是个老人家，需要各种帮忙。

玛利亚说：我没有不好受，需要各种帮忙的是克里斯。

师：在那种情况下，克里斯应该感激我们，因为我提供了他修行的好机会，让他更容易修行。

我们所有的行为都该反省用心是否有利于他人。同样的，负面的感情在心中升起时，应该反省这些感情，看是否对他人有害。这样可以在行动之前就检点自己。如果把众生放在自己之前，自私的感情就不会那么经常、那么容易升起。

我们大多数人很难时时想到利益有情众生，这里我所说的有情众生主要是指人类，如果要包括六道众生的话，岂不范围更广！比方说，夫妻中有一人整天辛勤工作，回到家里时可能心情不好。另一人成天在家做家事，可能也心情不好。两个心情不好的人往往会产生事端。但如果其中一人能留意到另一人今天过得不好，就会更留意、有耐心、容忍、体贴，问题可能就会少一些。适当修行的例子之一就是：少想想自己，多想想别人。这是慈悲的开始。

有一次禅七，三位女子共住一个房间。其中一位向我抱怨，她最讨厌人家睡觉打呼了，而两位室友都鼾声如雷。我说，"也许你自己有时也打呼噜呢！"她说，"我？我宁死也不打呼噜。"如果她能接受自己也会打呼噜的说法，很可能就会更体谅那些打呼噜的人。

为了帮助她，我就说了一个故事：有一次我和两位法师共住一个房间，两位都打呼噜，其中一位鼾声高亢，另一位鼾声低沉，使我深受其扰。我真想把他们戳醒，但如果他们醒来可能就再也睡不着了。我就放弃了那个主意，转而想像鼾声低沉的是沼泽中鸣叫的青蛙，鼾声高亢的是丛林里吼叫的老虎：右边是青蛙，左边是老虎，

右边是青蛙，左边是老虎，青蛙，老虎，青蛙，老虎……我终于睡着了。我记得从前的禅师只要听风声或流水声就能入定。我想，如果风声、水声能使人入定，鼾声也可以。也许我进入不了定境，但至少可以进入睡境。体谅他人和打坐一样是修行的形式。不要只想到自己；如果想到自己时，至少要做正确的事。

问：怎么知道什么是正确的事？

师：依据佛法的教诲来决定与判断。如果不确定某件事是对是错，是好是坏，就试着决定它是否符合佛法的教诲和戒律。如果符合，就去做；如果不符合，就不要做。用佛法的教诲为准则。如果依然不确定，就请法师指点。此外，也用社会的法律、伦理、道德、习俗作为准则。如果你的用心符合社会的标准，很可能就不会偏离正道。另外，也可以运用常识来判断。

要察觉自己迁流不已的心理和生理状态，观察它们如何影响身口意。通常如果身体不健康或受伤，心情就不好。心情不好，世界看起来就丑陋。这时好像所有的人和所有的东西都欠缺，很容易升起嗔怒和憎恨。不管怎样，随时随地尝试对所有的人升起感恩的心情。

贪婪的人通常不知道自己的贪婪；嗔怒、愚痴、傲慢的人也一样。但修行者迟早会知道自己曾经贪婪、嗔怒或傲慢，那时就应该忏悔。如果每次都能如此，就会更常知道三毒和不道德的感情，它们自然就愈来愈少升起。

身为修行者应该忏悔，因为他们知道这些心态来自强烈的自我执著。当然，必须用自我中心去忏悔，但以后自我中心会愈来愈少，至少暂时会如此。如果情况允许，最好在佛像前忏悔。拜佛时要反省自己身口意的错误。察觉自己的错处，承认自己的错误，发誓不再犯错。同样的，每当有好事发生或某人对你好，要有意去感恩。

在台湾的农禅寺，我要许多弟子在日常生活中常说两句话。凡是受到别人的帮助，应该说："阿弥陀佛，谢谢你。"他们不是向阿弥陀佛致谢，而是向帮助他们的人致谢。然而，因为他们修的是念佛法门，致谢会提醒他们修行，帮助自己在日常生活中培养正念和菩提心。

第二句话"对不起"是在知道做错事时所说的。"谢谢你"是感恩，"对不起"是忏悔。如果人们真能把这两种态度放在心上，照着去做，烦恼就会减少。如果能以这种真心面对众生，慈悲就会升起。

总之，要留心于利乐有情众生，提醒自己不要以自我为中心，有错则忏悔，对别人感恩。其实，以上所说的就是日常修行。如果能坚持这些观念，把它们纳入日常生活中，就是在日常修行。同时，继续打坐也是重要的，以便更能察觉自己的心态。如果散漫、欠缺自我察觉，就无法看到负面感情的升起。以打坐作为基础的训练，就能更知觉自己的行动、心意、感情、情绪、思想。

问：要察觉自己的行为，该不该在心里建立起一个客观的观察者，来检视自己的心意、思想、话语、行动？

师：不要，那会使你紧张、疲惫。只要打坐就会逐渐培养出内在的安定，遇到任何情况都不会太兴奋或太动情绪。如果心里相当平和安祥，自然就会更知觉自己的思想，也知道该如何言行，不会失去控制。受到情绪或本能控制时，其实就是失去控制，没考虑到后果就说话、动作。麻烦就是这样造成的，自己和他人的烦恼就是这样升起的。因此，言语、行动要试着保持平和、节制。这是逐渐而来的：来自有规律的打坐，来自日常修行中的用心留意，来自运用佛法来引导自己的行为。

另一方面，如果总是像老鹰或批评者那样注视自己，会使自己发疯或日子难过。

如果有个观察者一直在注视，就不能平顺地进行修行了。如果弹钢琴的人一直注视自己弹琴，就不能自发地弹琴了。

问：我每天搭地铁，都看到一个个的乞丐、无家可归的人和病人，他们经常向人讨钱。在这种情况下，我应该抱持什么态度？

师：这个问题很难回答，因为每个情况都不一样，全看你是谁，能做什么，能给多少。如果你很穷，没有钱，所能做的就不多。也许你可以随处帮助一些人：送食物给无家可归的人，送衣服给衣衫褴褛的人。如果有钱、有势或有影响力，可以做的就更多了，也许能帮助建立更好的社会和环境。但必须记住，不管你给的是哪一种的帮助，总是会有人不在意，有人不听从，有人不改变。你只能尽力而为。

如果只是用金钱来帮助这些人，效果很小。我们的财力资源有限。此外，以金钱来帮助也不是根本之道。我们得想出如何能改善环境，帮助他们改善导致自己置身于现状的业力。我们得帮助他们了解因果的原则，以便让他们更了解自己的处境。这样就能从根本上来帮助他们。佛教是由长远的观点来看事情，关心的是根本的问题。我们身为修行者不能只着重短期的解决之道，必须穿透表象。要这么做，就得思考如何来弘扬佛法。

问： 这听来不切实际。这些人大都已经听不进改变自己生活的方式，已经太迟了。即使他们相信来生，我确信他们所想的其实是今天和明天，而不是未来的岁月。他们也不想知道根本的问题所在。他们要的是食物、衣服、药物和挡风遮雨的地方。这些人需要立即的帮助。你是说我们该变成在街上传教的人，向过路的人传播佛法？

师： 不，不该传教。那不是佛教的方式，只会为自己、为他人、为佛教带来更多的问题。最好的方式就是修行佛法。如果身体力行，就不必传教，而会从你身上自然流露出。那时如果你有心给予，就自然会给予；亲近你的人就会受益。这是最高层次的帮助。不必去传教。如果身体力行佛法，人们就会接近你。

问： 另一方面呢？如果工作场所是个狗咬狗的恶性竞争世界，你又如何和其他人竞争呢？你的工作就是要在竞争中得胜。那不是使竞争者受苦吗？但如果帮助竞争者，就意味着失去你的工作或事业，在这种情况下该怎么办呢？

师： 诚实的竞争未必是坏事。全看你的态度，是以何种方式来竞争。正确的态度是努力向前，同时希望竞争者也努力向前。这就像游泳比赛一样，我游我的，你游你的，不是把别人打死再自己向前。我们鼓励真正的竞争精神，这是健康的，鼓励人们有更高层次的表现。

每个人都彼此激励的环境是健康的。在任何竞争的领域中，总会有人领先，有人落后，总会有人落后太多而无法继续。那么，那个竞争领域就不适合他们，他们就得转换到另一个领域。那不是你的错，也不是你该在意的。在一个领域中失败的人还是会活下去的，而且可能在另一个领域中成功。

如果你是在一个狗咬狗或不讲伦理的行业，就该考虑换工作。“正命”是八正道之一，谋生方式应该符合你的佛法观。

问：一直要想到众生的利益和福祉，似乎是很大的负担。这种态度本身会不会成为烦恼？

师：对于了解佛法教诲的人，尤其了解因缘原则的人，这不会是负担或烦恼。在尝试帮助他人时，要记得众生有他们自己的因缘、功德和业力。那些是你不能改变的，你不能承担他人的业力。

比方说，两个月前我们大约八十人前往印度，其中一位老妇人被水牛撞倒，跌断了一条腿。尽管遇到这种困难，她还是一定要跟着团体继续未竟的行程。她说：“就算要了我的命，我也要跟着走。”

我说：“如果你真要死，最好是死在台湾。如果你跟着我们，整个团体都会受累。身为佛教徒，你应该了解业力。被水牛撞倒，可能意味着你上辈子欠了这只水牛，也许欠了一条命；但因为你是来朝圣，所以只跌断了一条腿。那是你的业力。如果你一定要继续行程，就会成为全团的负担，只是为自己造下更多的恶业。”她听了之后，决定回台湾了。

重要的是“尝试”。当然你不该做任何伤害别人的事，但应该尝试以自己能力所及的任何方式来帮助人。至于是不是真正帮上了忙，则是另一回事，不必太在意。

问：随时都尝试着要慈悲，可能成为心理负担，尤其必须脑子里时时提醒自己这么做时。那会不会穿透我们的思想、言语和行为？我们能一直都想到别人吗？即使上厕所也想到别人？那会变得很有压力。有没有其他的方式？

师：你忘了我前面所说的。不要做会让自己觉得紧张、疲惫或难受的事。如果时时鞭策自己，对于别人和自己都没有好处，尽可能地用心留意以打坐为支持的训练，以佛法为指导的准则，慈悲自然会增长。尽力而为，但不要勉强。

问：可不可能未开悟而像相机或镜子般，以无分别心的方式来进行日常的行为、观看世界？

师：直觉心和无分别心不同。未开悟的人多多少少都能依赖他们的直觉——以直接的方式来说话、做事，而不太依赖思考的过程。真正的无分别心则是没有烦恼的，直觉心依然可能有烦恼。直觉心可以借由打坐来培养、强化。那不是开悟，却是一种好心态。

修行的见解比修行本身更重要吗

问：我听过一个有关禅宗的说法："修行固然重要，但修行的见解更为重要。"这似乎和我所听过有关禅的说法都矛盾。禅说要放下自我和主观的观点，认为个人拥有的任何观点都是主观的，因而都是对于真理的扭曲，反而形成另一种障碍。

再者，不管一个人修行的或相信的是什么，经验就是经验，不是吗？放下自我就是放下自我，还会在乎那个人是无神论者、佛教徒、基督教徒、印度教徒、犹太教徒、伊斯兰教徒或其他教徒吗？如果说只有佛教徒能有放下自我的经验，这岂不是自认超人一等？

师：你提到的那个说法引申自"贵见地，不贵行履"，其实"见地"不该以"见解"一词来取代，因为见解可以来自学问，而"见地"指的是直接来自自己经验的东西。《法华经》说："开佛知见，示佛知见，悟佛知见，入佛知见"。佛的知见就是空、无色、无执、无现象。

因此，这句话应该这么解释："知见比行为更重要"，而"知见”特指佛的知见。修行者如何与知见相关？首先就是体验过开悟、进入佛的知见的人的情形。如何真正知道自己的知见就是佛的知见？这必须以佛的教诲，也就是佛经，来评量这种体验。精进修行、研习经典、持守戒律，这些都属于“行”的范围。在这种情况下，个人所行的不像所知所见的那么重要。如果体验到的不是真正的开悟，那么就不能知佛所知、见佛所见。

如果有个合格的好老师，并不绝对需要借着研读经典来寻求适当的指引。老师应该能断定体验的真假深浅。如果不是开悟，老师就可以直接指出问题或执守之处——障碍或执著。

这种说法不是要人放弃修行，而是说修行固然重要，但佛的知见更为重要。没有佛的经验的指引，人们就无法正确修习佛法，以致步上外道。因此，修行者在开悟之前，需要佛的知见引导；开悟之后，依然需要以佛的教诲来检查自己的体验，是否真正符合佛的知见。

如果能在知性上掌握佛的知见，即使没有真正开悟，至少不太会误入歧途，甚至可以指导其他人修行；这时虽然没有能力印证他人是否开悟，至少能以正确的修行之道来帮助人。另一方面，如果老师没有开悟，在观念上也未能了解佛的知见，那么他自己的修行就可能走上外道，也带领他人走上外道。人们修行时，经常心有执著或期盼，以为有物可得，这会产生问题。

从这个角度来看，我会说没有佛的知见的指导，其他宗教的修行者不管体验多深，都无法体验佛的开悟。这种人依然会有一个永恒的、无所不在的整体这种观念，或执著于这种观念。不管称它为神或什么都无关紧要，这并不是佛的知见。

甚至连体验到整体都是极为困难的，也是进步的表征。许多修行者，包括佛教徒在内，都浅尝到这种性质的经验。他们感受到轻安或祥和，也许相信自己摆脱了自我中心，但依然有执著。这就是为什么需要良师的指导的原因。

这种体验的确与初步的成就相应，而许多修行者却误解了这种体验。比方说，小乘传统中有四果位，初果须陀洹也就是“入流”，指的是初入开悟之流，但依然有执著，四果阿罗汉则解脱生死轮回。但甚至在这之前有四个基本阶段：暖位、顶位、忍位、世第一法。只有在这四善根的阶段之后才能进入小乘的果位。许多修行者，包括禅的修行者，认为自己已经开悟了，其实只是体验到第一个暖位的阶段。

问：可不可能在佛教之外修行而体验到无我？

师：不可能。不管你选择的是佛教之外的什么途径或修行，心中依然会有某些执著或期盼。

问：这种人可不可能以无所得心来修行？

师：可能。这种人可以称为缘觉，没有佛的教诲而开悟。但经典中说，只可能在没有佛法的世界才有缘觉。

问：你提到了浅悟与深悟。你提到体验时，指的完全是无我的体验？

师：未必。如果我谈的是禅的开悟，那么就是无我的体验。然而，我经常使用“开悟”这个字眼指许多灵修和非灵修传统的体验。来自许多不同传统的人经常有体验到整体的经验。这些可以视为开悟的体验，但不是无我的体验。

禅的经验有深有浅，浅的经验持续的时间较短，深的经验持续的时间较长。而且，经验较深的人能更清楚见到空性，对于空的感受较扎实，而经验浅的人就不是那么清楚或扎实。最深的开悟就是不仅见到空性，而且就处于空性中。开悟经验的不同阶段，可比喻为品酒经验的逐渐提升。第一个阶段是从来没见过或尝过酒。第二个阶段是见过酒，但还没尝到。下一个阶段是尝到酒，知道滋味了。如果还感兴趣的话，下一个阶段就是再尝一口或一杯。最后阶段就是整个人跳入酒桶，这时人酒不分，不会再提到渴了。

问：不知道佛法的人，可不可能体验无我？可不可能有这种体验，却因为背景不同，而给予不同的诠释？也许他们把它视为上帝或整体。

师：这种人不可能有真正的无我的体验。体验无我的人进入佛陀所知所见的境界，这种人不会把它解释为上帝或整体。

问：我读过一则轶闻，内容是说有个妇人根本没有修行，只是经历人生中的艰苦岁月。她心中自然升起的问题就是："我是谁?"她从中有所体验，而这个体验改变了她对自己和世界的看法。后来她读到一些有关禅宗的书，看出自己的体验和禅之间的关系，于是去找一位老师谈，而那位老师肯定了她的体验。

师：如果情况是像你所说的，而且得到合格的老师来肯定的体验，那表示她类似缘觉，因为她对空性没有预设的看法。另一方面，如果老师鼓励她继续修行，然后指导她，而她体验更多，那是完全可以理解的。

我认识一个美国人，他在二十五年前有所体验。他去找一位老师，那位老师肯定了他的体验。十年后，他觉得自己有些问题没有解决，就去找另一位老师，那位老师再度肯定他过去的体验。又过了十五年，他依然不满意，当时他已经是一个中心的老师了，却毅然离开，来到我这里。我告诉他，他的理解有些问题：他以前也许有正确的体验，那是件好事；但他抓住这个记忆不放，如果有人把对于很久以前的体验的记忆当作体验本身，就会有问题。我要他认真修行，对可能产生的任何体验都要说“不好”。如果他以这种方式修行，以后需要指导，我会乐于帮助。

你说到的那个妇人心胸开阔，保持弹性，不执著于自己的体验。因此，她在初次体验之后，很可能会以平顺的方式修行。但这个男士有所期盼，所以会有问题。

问：禅宗有许多例子提到，人们真正体验到无我，但后来依然遭遇到许多问题。这是不是表示最初的体验不是真的？

师：不，这些体验很可能是真的。良师能断定这些体验的真假，帮助人得到更多、更深的禅的体验，但并不能打包票。一个人的修行可能有闪失，也许师生之间因缘不具足。原因不一而足。体验无我的人可能会退转。那个美国老师的故事就是很好的例子。他有所体验，得到老师的肯定，但后来依然有问题。他来到我这里，要看看我们之间是否存在着正确的因缘或业缘，但我觉得没有，于是传授他一个方法后，就劝他回到原先的老师身边。

问：你说到要体验无我必须要了解禅，而且要有合格的老师。就那个妇人的例子来说，会不会她前世是佛教的僧侣或有深切的体验，而此生终于因缘聚合，而有开悟的体验？

师：即使前世修行过，此生依然需要老师和教诲；但如果前世修行得好，此生可能就进步更快。即使善根深厚的六祖惠能（638—713年），听到《金刚经》里的一句经文就开了悟，依然要找五祖弘忍（601—674年）指导。他听到的不是一本平常书，而是纯粹的佛法。

有人会辩称，从来没听过佛法的人，其实就生活在没有佛法的世界，其实就是缘觉。果真如此，又如何来评断此人的成就呢？我们以佛法的标准来评断佛法成就的高下。如果此人宣称依照佛法的标准他开悟了，其实很可能并没有开悟。从佛陀的时代以来，许多人，包括学者、领袖、哲人，都有所体验，宣称自己得到佛法所谓的开悟，其实他们很可能错了。他们的体验必须以佛法的原则来判断。事实是，佛教有些方面和其他宗教不同。因此，对于佛法认识不清的人，不会具有佛法的开悟经验。

问：你说过对佛法有正确了解的人，即使没有开悟，也能指导别人修行。没有体验的人，怎么知道自己的了解是否正确？

师：如果你有位好老师，自己也认真修行，应该就会熟悉佛法的许多原则。佛教中有许多东西并不难了解或沟通。再者，阅读适当的文献就能对佛法产生正确、知性的了解。具备这些知识就能教导初阶的人，但不能处理大问题，这种人没有能力肯定或否定他人认为是开悟的体验。我也要强调，如果有意教导他人佛法或引领别人打坐，必须先得到老师的认可，不管在家人或出家人都该如此。

以自己的宗教体验来解释经典，就会产生问题。那不但违反正确的步骤，而且是危险的。不应以自己的体验来解释经典，而应以经典来解释个人的体验。如果以自己的体验来解释经典，就会产生问题，那就是为什么最好要跟随合格的好老师学习的原因。

知识障碍修行吗

问：人们经常读到，禅宗和禅师厌恶展现知识。大慧禅师（1089至1163年）取笑学者；现代大师铃木大拙说，专家心里没有什么弹性，而初学者的心却是无限的。另一方面，许多修禅的西方人开始时是被佛教哲学的丰富内容所吸引。这是否矛盾？

师：从最早期的佛教以来，我都不太相信真的有愚蠢的禅修者，也很难相信有人是因为盲信而踏上禅修之路。大多数人修禅都是因为理性的选择。再者，禅不会强调只是打坐修行，而牺牲学问。如果只是打坐，却不知道为什么打坐，修行顶多只是空壳子。

禅强调来自打坐的个人经验，但正确了解禅的修行和原则也是重要的。不了解佛法的人，从修行的获利有限，甚至可能有害。单从这一点来说，禅就不反对知识。然而问题是：为什么禅师似乎经常贬低知识、学问？

禅师承认知识、学问，但教人必须超越知识、学问，知识不是终极的真理。禅宗所说的开悟境界超越了思想、文字、象征，无法言表，也无法以演绎的推理方式来了解。毕竟，思想、语言是人为的产物，根据的是象征。顾名思义，象征不是事物本身。因此，象征不能解释或掌握开悟，而人也不能单靠象征达到开悟。光是用象征来解释我们周遭的世界就已经很难了，更别说要以象征达到开悟。

此外，每个人看世界的方式都不一样，因为根据的都是自己的一套经验和了解。禅师必须提醒弟子，开悟不能单纯以知性的方式来达到、描述、想像——不管是用语言、思想或象征。平常的语言是不够的，引用释迦牟尼佛的话是不够的，依赖祖师的文字、说法也是不够的。这些描述都不是开悟的实相。

禅师教导弟子要把所有的观念抛到脑后，才可能自己“直接体验”开悟。许多人知性上能接受这个解释，这进一步证明了禅是理性的方法。

我能以禅的哲学来刺激你的求知欲，但你认真修行时，不能依赖知识、才智；不可能一边正确禅修，一边抱持以往的观念。你不能回想这个或那个说法，也不能住于自己的经验，心想自己是不是尝到了开悟的滋味？把一切抛在脑后，才是体验开悟的唯一之道。事实上，把一切抛在脑后本身就是开悟；如果还执著任何东西，就不能开悟。知识、思想、文字、语言都是很难超越的执著，即使只是片刻超越都很困难；如果不能把它们抛在脑后，就会成为修行的障碍。

讽刺的是，开悟的人运用推理、知识、语言来帮助其他人修行。他们为了传达禅修的利益，使用来自知识、经验的工具。在修行之前，需要学问、知识、经验，那时知道得愈多愈好；开悟之后，也需要学问、知识、经验。然而在真正修行时，这些东西用处不大。

大多数的禅宗祖师都是有学问、有知识的。他们在开悟之前只拥有世间智，开悟之后就拥有真正的智慧；开悟之前是有执著的知识，智慧则是没有执著的知识。

问：我听说有些印度的传统认为，打坐是次要的、辅助的修行，而知识的学习和圣典的辩论是更好的修行。

师：有些佛教传统也是如此。玄奘（602 至 664 年）在 7 世纪前往印度取经时，发现两个主要的佛教传统：瑜伽派（Yogacara）和中观派（Madhyamika），这些宗派的师徒经常进行佛法辩论。事实上，他们以古代的佛教逻辑系统作为探讨的工具，把所有时间都用在仔细分析佛教哲学上。他们愈投入研究、辩论，心也就愈澄明，直到透彻了解全部的佛教观念、原则为止。经过这种严格的训练，烦恼自然就减轻了。

然而就某个意义来说，这种修行方式是精英式的。如果住在可以一直从事辩论、研习的环境，要那么做自然比较容易。寺庙就利于那种修行：有足够的时间，许多志趣相投的同修，较少打扰、诱惑。但在家的修行者就做不到这一点，他们有其他的责任。只有学院人士能有设备、意愿、时间从事这种修行，一般人并不适合。

我认识一位台湾的法师从不打坐。我有一次问他："你有没有任何修行的法门？"他回答："你说的修行是什么意思？我用上所有的时间研读佛法、思索佛法、写有关佛法的文章，一生都花在佛法上，还需要其他什么修行？"对他来说，答案就是没有任何修行的法门。他对佛法了解明彻，所以不觉得需要打坐，他的途径和禅很不一样。

如果人们追寻知性的途径而放弃打坐，也就放弃了修行的精神体验，而精神体验会直接影响身心。知性的刺激只涉及智力的官能，会失去来自打坐的生理利益和直接的心理利益。即使印度的传统也不完全忽略打坐，而是并入打坐，当成辅助的修行。

再者，有知识并不表示就精通、娴熟逻辑的技巧和演绎的推理。不是学者的人，很可能不适合涉及高度分析的修行方式；相反的，任何人都能修习禅的方法。禅的修行是理性的，但不需要学术的技能，否则就不会有那么多的禅师了。即使没读过书的人也能修禅。

问：你提到的那位法师对佛法有清晰、透彻的了解，这和开悟一样不一样？

师：那要看他的心境。如果心里没有障碍或执著，那就是开悟；如果依然有执著，那顶多只是知性上了解开悟，而不是真正的开悟。然而，法门无量，如果不断根据逻辑探索一个法门，直到抛下所有的执著——包括演绎的习惯本身，就会体验到开悟，这和通过禅的法门一样。人们可以通过推理和辩证，达到某种层次的知性的开悟，但如果依然存在着执著，那就不是禅的开悟。

有一次两位西藏喇嘛在辩论，最后由年轻的喇嘛下结论，年长的喇嘛只是微笑。看到这个情景，年轻喇嘛也笑了。到底谁赢？你不在场，所以不知道。即使在场，如果以执著心来看待此事，依然不知道谁赢了这场辩论。也许的确是年轻喇嘛赢了，但也许年长喇嘛的沉默才是真正的答案。要知道谁赢，你必须已经开悟了。

问：有位陆先生（Charles Luk）把深入修行的人描述成索然无

味，甚至是愚蠢的，好像修行损害了正常的知性。根据他的说法，好像这种事经常发生在认真的修行者身上。果真如此吗？开悟就像这样笨笨的吗？

师：佛家有个著名的说法：开始时，见山是山，见水是水；然后，见山不是山，见水不是水；最后，见山又是山，见水又是水。这描述了修行的三个阶段。

在第一个阶段，也就是在修行之前或刚开始修行，修行者有才智，却以执著心来区别，他们知道山是山，水是水。第二个阶段指的是认真、深入修行的人，这时他们未能总是明确地区别彼此，在外人看来的确可能显得索然无味或愚蠢。第三个阶段描述的是开悟，修行者再次能明辨彼此。

第一个阶段和第三个阶段的差别在于：在第一个阶段还感觉有自我，到了第三个阶段就不再执著于自我。那位陆先生描述的是处于第二个阶段的修行者。

开悟不会障碍才智；相反的，开悟往往使人才智敏锐。然而，依赖才智作为修行唯一的工具或指引，很容易成为障碍。

中国禅与日本禅

问：中国禅与日本禅有何异同？

师：禅宗在北宋时从中国传入日本，被日本文化所同化、转变之后，变成了日本禅。但我们必须记住，多少世纪来禅本身也经过了演化。从唐朝到宋朝，从宋朝到明朝，从明朝到现在，禅宗都有明显的转变。北宋时的中国禅很可能就像当时的日本禅，但经过了这么多世纪，各自朝不同的途径发展。

西方大多数了解佛教的人士，比较熟悉日本禅，而不熟悉中国禅。日本禅有两个主要的宗派：临济宗与曹洞宗。这两个宗派都可以追溯到北宋时中国禅宗的临济宗与曹洞宗（译按：此段见于第一版，不见于第二版。此处开始至下段结束，见于初版，不见于修订版）。日本还有第三个传承，称作黄檗宗。这个宗派可追溯到明朝时的临济宗。由于临济宗在北宋与明朝之间有所转变，因此临济宗和黄檗宗各有特征、风格。黄檗宗现在依然存在，但势力很小，在日本只剩下一座庙。

更复杂的是，日本的临济宗又有两个主要分支：其中一个在北宋时由中国传入，总部设于京都的妙心寺（Myo Shin Ji），由这里衍生出许多小分支；另一个是南宋末年时由中国传入，总部设在日本神奈川县镰仓的圆觉寺（Enga Ku Ji）。

二次大战前后的日本禅，风味有显著的不同。大战前，禅展现了很多的武士道精神。大战后，这个特色不再那么明显。但是，和其他国家的禅师相形之下，日本的禅师或老师依然展现了强而有力的性格。在一群出家人中，我们不难看出哪一位是禅师。

在日本，具有权力的男子，性情通常喜欢指使别人，就像武士一样。但那并不一定是老师的特色，而是在日本有势力的男子的特征。然而，晚近的日本男子也不再像以往那样展现武士的个性。今天西方也出现了一些老师，男女都有。无疑的，这些老师的个性也会反映他们自己的文化。

另一方面，中国的禅师除了在衣着、外表之外，在群众中并不会让人觉得特殊。一般说来，中国禅师没有很凶猛或强而有力的个性。如果中国禅师凶猛，那是他特殊的个性。中国禅师在指导他人修行时会掌握一切，但不会把这种行为带到日常生活中。在禅七时，禅师也许会骂人，但其他时候这种行为很罕见。在禅堂外，他们过的是日常生活，与其他人没有两样。

在禅的传统中，通常有两类禅师，一类禅师在指导修行时倾向于责骂，有时甚至责打修行者，这些禅师通常属于临济宗的传统。另一类禅师用温和的话语和行为来教导修行者，这些禅师通常属于曹洞宗的传统。然而，我们必须再次强调，中国禅师只有在指导人修行时才展现这种行为。

在中国禅寺和日本禅寺中，修行是日常生活的一部分。工作和服务是修行的重要层面。当然，也有其他时间是完全投入打坐的。在那些时刻，可能有几百人一起正式修行。禅七中，经常没有固定安排与禅师小参，只有在修行者觉得发生了一些重大的事情时，才可要求与法师小参。其他时候，禅师同时向全体修行人开示。在禅寺中，有人待了几年还没机会与师父单独见面、说话。另一方面，在禅七中，禅师通常每天都会与弟子小参。

日本禅师向弟子引进中国禅的教义与方法时，所教导的是当时中国风行的方式。这些方式代代相传，少有改变。即使在今天，日本禅寺对外在的衣着与行为，都有很严格、统一的规定，当然，这可能是日本文化的特色（译按：此段见于第一版，不见于第二版）。

这些世纪以来，中国禅寺没有那么强调外表和修行的特殊形式。比方说，中国寺庙不会发给僧众制服，比丘和比丘尼都穿自己的衣服。当然，他们有特殊场合要穿着的礼服，但一般说来，没有严格规定衣着，而是把修行的重点放在持守戒律和遵守日常的作息上。

日本禅寺和中国禅寺不同，这是很自然的事。在美国的中国禅中心和日本禅中心不同，也是再自然不过的了。如果人们看我们的禅中心（编按：指圣严法师在美国纽约创立的 Chan Center）和典型的美国禅中心不一样，不必惊奇。我们的禅中心和在中国寺院的传统禅堂也不一样。在美国的典型道场和在日本寺庙的传统道场也不一样。这是正常的现象，因为这种中心自然会有一些当地文化的风味。

其实，日本的传统道场和中国的传统禅堂很相近。典型的中国禅堂通常只是寺院中的几栋建筑之一。我们这个禅中心只有两栋建筑，其中一栋是女众的住处，因此不得不把所有的东西放在另一栋建筑里。

传统的中国禅寺里有几栋不同的建筑，容纳数以千计来挂单的人。可能有一大群人住在大殿的建筑里，只有一百人左右能待在禅堂里，禅堂的外貌通常很简朴，甚至可能连一座佛像都没有。

我来自20世纪的中国，因此当我来到美国时，带来了一些现代中国的风味。同样的，日本禅师所建立的美国禅中心，带有现代日本的精神。但是，我并没有完全遵循中国禅的风格，禅中心的一些东西借自日本的指导，像我们坐的垫子便是来自日本的传统。

传统上，中国的临济宗、曹洞宗的修行者，以及日本临济宗的修行者，采相对而坐的方式，我们则面墙而坐，这根据的是日本曹洞宗的传统。我也要修行者在两炷香之间做一些瑜伽动作，这在中国或日本传统中都找不到，而是我觉得伸展运动有益健康，是现代修行者必须的。

我和每位参加禅七的人小参几次，这种作法采自日本禅。我在禅七中会和每位禅众小参几次，但并不是每天都小参。我经常是让他们自己决定，如果想和我谈话，通常我都会答应。

中国禅寺对在家的修行者来讲，基本上是闭门谢客的。典型的禅寺则是由一群出家人长年在一块生活、修行，很少有在家人来参加禅七，打完禅七后就又回到日常的生活和作息。我们在纽约的禅中心则开放给在家人，而且来访的也大多是在家人。

在美国所遇到的事和中国不同，因此我得重组、修正教学的方式。中国禅和日本禅必须改变、适应，才能在现代文化中——不管是东方文化或西方文化——流传下去。

问：在禅中心所举行的禅七中，我们拜佛，这也是日本禅的一部分吗？

师：拜佛是典型的佛教修行方式。日本禅也拜佛，但程度上不及其他的佛教传统。日本禅寺里不强调拜佛修行，但出家人在早晚课后会礼佛三拜。然而，私人修行时采取哪一种方式则由个人决定。禅定的修行方式有四种：打坐、经行、唱诵、拜佛，因此，拜佛是修行的正当形式。

问：日本禅的修行者会慢步经行吗？

师：会，但没有快步经行。在中国禅寺，修行者快步经行，但不慢步经行。在纽约的禅中心，这两种经行方式都采纳。

其他还有一些不同的地方。日本禅不用念佛的方法，而中国则采用这个方法。念佛法门是禅宗四祖道信（580 至 651 年）所传授的。今天，大多数人唱诵阿弥陀佛的圣号——其实，任何一尊佛的圣号都可以。在宋朝之后，许多人使用这个法门作为禅修的一部分。在日本，念佛法门是净土宗的修行方式。

在日本禅宗，开始修行时采用的是数息或话头。一般说来，临济宗用公案或话头的法门。老师会给学生一些公案或话头，要他们一个又一个地用功去参。曹洞宗所用的主要法门是“只管打坐”，这种方法通常被描述为“无法之法”。

我在教初学者时，通常要他们数息或随息。刚到禅中心的人，如果从前长期使用话头作为个人修行的一部分，而且做得很好，我会劝他们继续下去。如果有人习惯念阿弥陀佛的名号，我会劝他们继续下去，但要他们不该存有往生净土的欲望。

作为禅修的法门，念佛或念咒和数息并无不同，目的都是为了帮着把心静下来。如果采用念佛法门的人，心达到了平稳集中的层次，就可以开始来问："念佛的是谁?"基本上，这个法门就变成了话头。有人说，如果把念佛的法门变为话头，那么这不仅是禅的法门，也是净土的法门。这点我不同意。因为，这其实是禅修。

临济禅的修行者开始时通常是着重在集中心念，最常用的方式就是数息、念佛、参话头。然而，在开始时，把话头像咒语或佛号一样来念。到后来，修行者进步到思索话头以产生疑情。日本临济禅修行者的正常修行方式，是参一个又一个的话头，而中国临济禅的修行者可能一辈子都在参同一个话头。

在我看来，使用其他的方法比话头更容易集中心意，因此我很少教初学者由话头开始。话头的目的是为了产生疑情，如果没有产生疑情，这个方法就没有达到目的。

曹洞宗的修行者通常以数息或念佛开始。然而，他们不会把这个方法转为话头。当他们的心静下来时，就开始练习默照，这和只管打坐相似。

问：净土宗的修行者以念佛达到一心的境界时，和禅所体验到的一心是不是一样?

师：不一样，因为净土的修行者是寻求转生到净土，这种有所求的态度预设有执著。一有任何执著就不可能是禅修。禅修者诵念佛号时，不该夹杂任何欲念。真正的禅修者不会求佛帮忙。

问：那么为什么有些禅修者向观音菩萨求助呢？

师：禅是佛教的一部分，因此没有完全摆脱宗教性。修行者觉得自己无望、无助时，可能会向观音菩萨求助或祈求力量。有时觉得无力、迷惘，这是人之常情。问题是，禅师会不会向观音菩萨求助？禅师即使没有执著，也不为自己的缘故来祈求任何东西，但有时觉得帮不上众生，在这种情况下，禅师也许会念观音菩萨的圣号。然而，就我对中国佛教史的研究，从没看到唐朝的禅师念佛菩萨的圣号。可能当代禅师的修为比不上古代祖师那么高深。真正开悟的禅师不需向观音菩萨求助。

问：如果日本的曹洞禅是来自中国的曹洞禅，那么为什么日本的曹洞宗被认为是渐修的宗派，而中国的曹洞宗则被认为是采用顿法？

师：你这是从哪里听来的？根本没有这种区别。你不该把温和的方式和渐修混为一谈。在修行的手法上，日本的曹洞宗、中国的曹洞宗比日本的临济宗、中国的临济宗更温和，但全都是顿法。

我们可以用两种方式来看：第一，我总是强调，修行既是过程，也是目标——如果目标是修行，那么它自然就是顿法；第二，不管是和缓的修行或猛烈的修行——不管是用话头来突破虚幻，还是逐渐静心，直到自我消失——开悟总是突然降临，而不是一点一点出现。

如果你坚持要把中国的曹洞宗称为是渐法，那也得把临济宗称为是渐法。曹洞宗的修行者修习默照，临济宗的修行者参话头，两者可能都得通过经年累月的修行，这又有何不同？

问：既然日本禅的和尚可以结婚，那么日本禅师与日本和尚有何不同？为什么在中国禅宗没有这种分别？两者之间有没有其他显著的不同？

师：在日本明治维新的时候，鼓励禅和尚结婚，以致原先单身、禁欲的传统逐渐没落，而只有禅师。差别在于禅师可以结婚，和家人住在寺庙里。他们也许采用禅和尚的生活方式，但如果结婚的话，就不是和尚。“结婚的和尚”一词本身就是矛盾。另一方面，日本禅的尼师不能结婚，但现在她们正在争取这项权利。

问：我还以为成为佛教和尚的首要戒律之一就是修梵行？

师：日本禅师也发下佛教的许多传统誓愿，但修梵行并不是其中之一。

问：中国的出家众并不特别指定是禅宗或净土宗的弟子，一生中可以尝试许多不同的修行方式，在日本是否也如此？

师：在中国，一旦出家就可以修习任何佛教的传统，甚至不限于中国的佛教——可以修习南传佛教、藏传佛教，或任何其他的传统。但在日本就不是这样。在日本加入僧团时就必须选择要成为禅宗或净土宗的一分子。这也许是个好主意。在中国，出家人很容易尝试不同的修行方式，以致许多人在任何法门都不深入。就像我所说的，一直改变修习的方法，就像逛百货橱窗一样，很难有什么长进。

我住在日本的那几年，全力用在研究和修行，并未着眼于分析日本禅和中国禅的异同。同样的，我很少接触在美国这里的禅中心或修习日本禅的修行者，因此我以上所说的，必须以这种方式来了解。

进一步说，以上的讨论限定于中国、日本、美国，但韩国也有坚稳的禅的传统，也有禅师来美国。我猜想，在这些地方，禅宗的传统都带有当地的特质。佛教的一个基本原则就是事事物物都会改变，那么不同的禅的传统又如何能自外于这个基本原则呢？

我认为比较好的方式是，我们向人们解释我们在做什么，以及我们这么做的原因，没有必要说："中国禅这么做，日本禅那么做。"因为这难免会导致不公平的比较、分歧、争吵、竞争。如果这些讨论引发争议和敌意，要去相信某种方式比另一种方式好，那么这些人就不是好的修行者；这种行为是愚蠢的。修行者应该关切的是自己的修行，以及帮助别人。

我们如果把眼光放大，超越歧异的一面，那么中国禅和日本禅都属于大乘传统，他们的修行者之所以修行是为了帮助众生，这比任何差异都更重要。

美国的佛教得益于许多日本的禅师和作者，他们是第一批带着佛法的教义来到西方的人，他们开疆辟土的功劳和成就，使得其他的佛教传统更容易在此地发展。

禅与荒诞不经

问：禅宗的文献充满了师徒之间奇怪的对白和事件，看似具有荒诞不经的机智或幽默。这种禅的特色不仅在各种宗教中绝无仅有，甚至在佛教中也很罕见，请问来源为何？

师：禅师在训练弟子时，采用的方法有些适合于日常的修行，有些只适用于特殊的情况。西方人首次接触禅的文献，研究历史记录时，经常读到有关公案的记载，但禅师其实并不常用公案。这些公案有时看来可笑，大多用于特殊的场合。

如果禅师训练弟子时用的全是这些记录中所描写的方式，那么造访禅寺的陌生人也许会以为自己到了疯人院。事实上，禅寺中的生活是很庄严的。你大概不会看到禅师烧佛像来向弟子证明佛法的论点，或强调佛法的特殊原则；然而，后来记录下来的反而是这些异乎寻常的事件。

禅寺中的生活很平常，禅师的日常生活也和其他僧众一样。所有的人都根据严格的作息时间，生活安排得满满的，因此禅师很少有机会和其他僧众，尤其是新来的人谈话。虽然也有聚会的时候，但那也只是为了特定的目的。资深的弟子通常坐在前面，比较靠近禅师。如果禅师问问题，只有修行稍有心得的人才敢回答。有时这种对话在外人看来也许觉得幽默。

有时在这种聚会中，新来的人会坐在后面。如果他们有体验和自信，也许会回答问题，或提出自己的问题。在那些时候，即使初学也能寻求禅师的直接指导。

在这些情形下的对话，并不尽然有什么结论，也未必有清楚的“对”或“错”。如果有人的回应应机，需要进一步的指导，禅师可能会与他小参。例外的情况就是，如果禅师觉得此人的回应只是从书本上读来的，很可能就会把他逐出门。

与禅师小参比在大庭广众下的讨论重要得多。在小参中，禅师的问题可能深浅不一。如果弟子的心境澄明，那么不管禅师说什么，他都能自然回应，这显示弟子和禅师心有灵犀。

禅师可能说鱼在山上游，鸟在海里飞，不管用的是什么话，禅师在意的只有一件事：判断弟子了悟的层次。通过对话，禅师可能找到机会来指导弟子，却不是通过解释。禅师会使用“契时契机、直截了当的动作”——此事无法以文字解释或外表描述。但禅师依然使用语言，有时也用动作来指导弟子。如果弟子掌握不住禅师的意思，立刻就会被逐出门。

或者禅师可能问：“万法归一，一归何处？”弟子可能回答：“我要去尿尿。”问答之间似乎没有任何关连，但禅师可以从对话中知道弟子体验的层次。也许禅师觉得回应不够真切，就继续问：“要去尿尿的是谁?”弟子可能一言不发，当场就尿起来。从惯常的角度来看，这当然像疯狂之举。

如果弟子看来像是在假装，禅师可能就用香板打他。弟子可能抓住香板问:“打我之前，先告诉我为什么要打。”禅师可能说:“好的，现在不打，将来再打三十大板。”弟子可能回答：“该打的是你。”

在外人看来，这些你来我往的过程毫无头绪，高明的禅师立即了解其中透露的讯息，但程度较差的禅师可能劈头就打或言不及义，而心眼明白的弟子就能看出底细，但这种情形并不普遍。如果有这种情形，禅师务必向弟子学习。禅宗的文献中就有一则轶闻显示这种可能。

百丈禅师（720 至 814 年）有位弟子本来跟随另一位师父修习，后来在百丈禅师的座下开悟。之后，这位和尚重访以往的寺院，看见先前的师父正在读经，这时一只误闯进来的蜜蜂急着要出去，猛往纸窗上扑，来访的和尚就说:“好好大路不走，偏偏往旧纸里钻。”老法师见和尚看着蜜蜂，心想这话是对蜜蜂说的。后来，法师洗澡时要这位和尚为他擦背，和尚说:“可惜啊，好好一座佛寺，却没有佛。”老法师一惊，要求他解释这句怪话的意思，和尚就说:“师父，我在百丈禅师那儿找到入口，今天报您的恩来了。”

老法师命人设席，邀请从前的弟子在禅堂说法，和尚又说了一遍:“可惜啊，好好一座佛寺，却没有佛。”老法师闻言，当下开悟。起先，和尚有没有说老法师没开悟?除了身处其中的两个人之外，没有人知道。但我们可以说，师父知道自己能从弟子学习时，就应该向他们学习，而不一定要改变彼此的地位。这是另一个幽默、机智的故事。

禅是顿法，不可能以语言或描述来显示一个人心灵澄明的程度。完全不说话或不做事也是不可能的，因此有经验的禅师会直截、自然地使用任何现成的方式。在禅师手上，语言和动作只是工具，它们的意义不能以惯常的方式来界定。

"东山下雨西山湿"或"李生喝酒罗生醉"，这些说法似乎不易了解。语言、文字、观念都是人为的产物。如果我们不坚持文字的惯常用法，就没有理由说为什么"鸟"不能是"鱼"，"鱼"不能是"鸟"。此外，从统一心的观点来说，现象不来不去，彼此了无差别。

禅师问问题，审度回应，以此断定弟子了悟的层次。一个简单的问题，如"吃饭没?"可能有许多不同的答案。弟子可能只是答："吃过了"或"从来没饿过"。这些完全不同的回应，可能表示不同的体验层次。如果禅师接着说："洗碗没?"弟子回答："刚洗过"，这个答案与他是不是真的刚洗过碗无关，重要的是对于问题的回应；对答和"真假"无关。

东山（807至869年）有一天洗米，师父问："你是以水洗米，还是以米洗水？洗好时，你是倒掉水还是倒掉米?"东山回答："两个都倒。"师父说："那么和尚吃什么?"东山答："我才不在乎"，就走开了。东山疯了吗？其实，这些回答显示东山不执著于身边的一切事物。这显示了某种成就的层次，虽然并不是特别有深度。这种对话不能模仿，因为来自当时特定的环境。高明的禅师能觉察到何时一个"契时契机、直截了当的动作"，能像利刃般直入弟子的心灵，揭露其内在。

在禅师的生平中，这种事情很少发生。禅是顿悟法门，因此在这种时刻禅师不能依赖逻辑思辨来帮助弟子，而必须依赖手边最直接的工具、任何来到嘴边的话。对不熟悉禅法的人，这些故事可能看似幽默，但那种幽默只是表面的或偶然的。

禅其实是严肃、实用的，真正禅的修行是日常生活的修行。东山的故事发生在世俗的日常活动——洗米中。如果在日常生活中为人处事没有执著，那已是禅的修行；修行者不把神佛的观念置于日常生活之外。就这个意义而言，禅与其说是正规的宗教，不如说更接近人文的哲学。但在它人性的一面中，远离了多变的情绪和感情，纯粹只是生活。

有一次，一位长老对弟子说："三十年来，我一直在说东说西骗你们。"一位弟子答道："你早该退休了。"次日，长老在地上挖了容得下一个人的大坑，对说那话的和尚说："如果我真是早该退休，你就埋了我，否则我就埋了你。"那个和尚拔腿就跑。这是禅师的问题，还是和尚的问题？这个禅的故事听起来很疯狂，但其中自有深意，且让你们寻思吧。

禅　病

问：听说有人长期认真修行后，陷入禅病的状态。什么是禅病？

师：首先，禅病是很罕见的。每天打坐一两个小时的人，他们的修行程度还不足以产生问题。这些人即使有心理上的问题或急于得到成就，都不会有任何严重的问题。只有在长期认真不断修行时，问题才可能发生，但大部分的时间都不会发生这种问题。如果有人知道自己可能会有令人不解的、古怪的心理幻觉，最好不要密集修行。

禅病的原因有四种：第一种是生理的，第二种是心理的，第三种是业障，第四种是外力，像是鬼神。原因不同，所显现的禅病也不同。

如果问题的根源是生理上的，即使不打坐也会看出有问题。其实，可能在打坐之前问题就存在了，而打坐有时使得问题现前。

身体上的禅病有许多原因，一种是对修行的态度不正确。比方说，如果希望借由打坐得到神通，就会有麻烦。有些人希望借由打坐青春永驻或加强性能力，这种态度如果过于极端会造成健康上的问题，也可能造成心理上的问题。

造成生理问题的其他原因，就是姿势不正确、呼吸不自然。打坐时如果弯腰驼背，可能就会腰酸背痛、颈部疼痛；如果强迫或试着控制呼吸，可能会压迫到横隔膜。

营养不良，像食物的摄取不均匀，也可能造成问题。有些人长期打坐，试着不吃不喝。如果打坐时入定，失去时间感，欠缺营养也许没什么关系，但如果心里仍有时间感，就不该略过正餐。

缺乏睡眠也可能造成禅病。有些人以为打坐可以取代睡眠，就完全不睡觉或缩短睡眠时间，这可能会造成严重的问题，尤其是神经问题。如果坐的时间太长，没有足够的活动或运动，身上的气脉可能会堵塞。

许多人听说打坐可以改善健康、治病，并打通堵塞的气脉，这是有可能的，但是需要时间。如果在开始打坐之前身体情况就不好，这种人就得小心。如果寻求速效，在能力不足之前就花了太多的时间在打坐上，身体情况可能会更糟。

第二种禅病的来源就是心理上的问题，来自太急于想从修行中得到结果。有人可能急着要开悟或得到神通。这种性质的疾病来自烦恼，是出于过度的贪、嗔、痴、慢、疑。其实这些感情、欲望每个人都有，但大多数人是自己可以掌控的。除非有适当的指导，否则这种执著会造成禅病。

如果太急着要从修行中得到结果，比较容易体验到不良的心理状态或罹患生理上的疾病。如果出现这种问题，就对自己这么说：

“不管来什么，我既不需要也不想要；不管出现什么，我既不喜欢也不害怕。”这虽然很难做得到，却是应该培养的态度。

第三种禅病源自业障。不修行时一切都好，一认真修行就一切都不对劲，也许头痛、胸闷，有可怕的幻觉，或其他的病症。这种禅病来自以往的恶业；医疗或心理治疗帮不上忙，最好是停止密集的打坐。虽然不必完全放弃打坐，却该改采更轻松的方式，在打坐前后也该念忏悔偈。如果能真心忏悔，禅病可能逐渐消失。然而，只是忏悔是不够的，还得发愿。忏悔是为了过去的不良行为，发愿则是为了未来。应该发愿修行不只是为了个人的利益，而是为了众生的利益。

问：有些所谓的老师自称可以为人消业，减轻人生的负担。过去我还以为一个人的业就是一个人的业，给不了也取不走。

师：有可能为借着回向功德而为他人消业，但只限于短时间。就像你欠人钱而手头又很紧时，别人能代你偿还，暂时使你脱离困境，但你还是欠人钱，到头来还是要为自己的业负责。只有在修行很深、心境和世界观改变时，恶业才会离开。这时你可能还是受苦，却不再把它视为苦难。

问：第四种禅病呢？

师：第四种禅病源自魔障，极为罕见。魔障可以指外力，也可以指内在心的心理状态。当我谈论魔障和魔境时，通常指的是人们自己心中生起的东西。它来自错误的想法、错误的途径、抱持错误的观点或态度。对大多数人来说，外灵的干扰根本不会发生。万一有外灵干扰，都是伴随着错误的想法。遵循正道、对佛法观念正确、不过于急切或贪著的修行者，不会受到这种外力的干扰。

外物干扰时，修行者可能知道，也可能不知道。知道外力的影响比不知道要好。第一种人也许认为有外灵、神祇、菩萨、佛运用他们的身体来弘法，知道不是自己在主控。第二种不知情的情况更为严重，这种人也许认为自己开悟了。如果有人指出他们的经验、行为不符合佛陀的教诲，他们是不会相信的。这种人对于自己有极大的信心，通常能影响很多人，可说是陷入了魔境。

最严重的是，有人觉得自己成佛了，这种情形比精神错乱还糟。面对精神错乱的人，至少人们清楚问题之所在，也知道还帮得了此人。但自认是佛、菩萨的人，不但不相信自己需要帮助，可能还会引导许多人误入歧途。

如果问题是来自外灵，那么求助于医师或精神分析师无济于事，必须采取其他的方法。一种方法就是以另一个外力，如咒语或符箓，来驱走鬼神，但这种方法并不可靠。如果咒语或符箓是好的一种，只能暂时把鬼神赶走；如果是不好的一种，可能引来更邪恶的鬼神。第二种方法就是要此人进行忏悔修行。如果他本人做不到，可由其他人代为忏悔，但效果较差。忏悔修行的效果，则要视情况的严重程度而定。

问：如何帮助被附身的人（译按：此处开始的四段见于第一版，不见于第二版）？

师：这点很难讲。如果被附身的人对于佛法的观念不正确或心态不好，就没人帮得上忙，我知道台湾有一些这样的人——在家人和出家人都有。有些人还运用鬼神，或者该说被鬼神运用。这些人可能很有影响力，因为他们通常能满足人们的欲望，能满足人们对财富、名望、成功、权势的渴求，或暂时减轻人生的负担。

问：我以往一直认为僧侣不受鬼神的干扰，因为他们发愿，而且在神圣的地方过着清净的生活。不是有各式各样的护法在帮助僧侣吗？

师：僧侣只是穿上袈裟、发愿，并不意味他们的人格、态度已经改变。许多僧侣并不符合出家人应有的态度。鬼神不难进入对佛法认识不当的人，不管这些人是在家人或出家人。

总之，禅病是很罕见的，而且大多来自更现实的来源，像是生理的、心理的或业障。如果是生理上的问题，寻医求助可能有效。如果是生理上的问题，则需要适当的治疗师或老师的指导。然而，修行者必须相信治疗会有效果。

如果问题是属于心理上的，只要纠正观念，打坐就不会有问题。有些许的自疑、焦急、嗔怒，这不是严重的心理问题。如果问题是出自生理上的，可能无法完全治愈。但是请大家务必了解，我这里谈的是严重的特殊情况，大多数人从来不会遭遇这些问题。腿疼或气脉不顺，都不是严重的生理问题。

从禅病恢复过来的人能不能继续修行，那要看个人和情况而定。如果所有的病症都消失了，继续修行无妨；如果有任何程度的病症，最好放弃密集的修行，直到病症完全消失为止。

问：可不可能一个人被社会认为是精神不正常，其实却是处于禅的境界中?

师: 是有可能的。这种人不是精神错乱,也不是有禅病,而是他们看世界的方式暂时迥异于一般人,以致言行举止看来古怪。其他人也许认为他们精神不正常,其实他们很好。这个阶段是会过去的,他们会再回到一般人认为的正常行为。

问: 如果修行者具有无我的经验,却没有正确的指引,会不会得到禅病?

师: 是有可能。如果老师不在身边,而修行者有"空"的经验——不一定是开悟——可能会产生心理问题或深受困扰。那也就是为什么禅宗和密宗强调需要有合格的老师,需要有师承的原因。走在灵修的路上,需要经过一定的过程,必须小心那些没有师承或没有被合格老师认可,却自称开悟而要帮助你的人。

问: 你说过,我们体验到任何奇怪的事情时,应该只是不理会。我发觉这很有用。你也说过,我们应该把任何帮助我们的人或事当成菩萨的恩赐。我把任何帮助我修行的事物都当成菩萨的恩赐,任何障碍我修行的事物都当成魔的影响。对我来说,一切都是修行。

师: 修行者遇到外物干扰时——不管是人、情况、其他生灵,非但不受障碍,反倒使他们更认真修行。如此说来,应该把它们想成是菩萨的恩赐。

禅与心理治疗

问：禅与心理治疗有何异同？弟子与师父的关系是否如同病人与治疗师的关系？

师：有同有异。禅的目标是祛除无明与烦恼，见自本性，实证菩提。心理治疗的目标是祛除或减轻人的内在冲突、混乱、矛盾、无助感等。因此，禅与心理治疗相同之处在于二者都针对心灵的问题，目标都在帮助人更澄明、稳定；差别则在于澄明的程度。

心理学不谈自性和精神的觉醒，只是试着帮助人变得更稳定，更能了解、处理自己的问题。如果治疗成功，人就可以更聪明、快乐。

我没有钻研西方的心理学和心理分析，不是很了解治疗师的做法。要了解心理治疗，最好找心理学家谈；但我有资格谈禅，因此我是以这种立场来试着回答你所提的问题。

问：禅如何处理个人的问题？只处理病症，还是根本不理？我最常得到的指点就是：打坐时不要理会心里升起的任何念头。因缘、因果错综复杂，所以很难找到问题的直接源头。我们可以说："禅的态度就是：如果找不到因，就不必为它烦恼"吗？

师： 禅不针对特定的心理问题和它们的原因。禅师很少分析个人的情况，而是引导人提出自己的问题。人们在烦恼、受困、不安时，应该自己去寻找问题和答案。修行者应知道：问题之所以存在，是因为执著于自我。人们自己制造问题，因此必须自己来了解并解决问题。

修行分为两种：一种是没有方法的修行，一种是有方法的修行。没有方法的修行可以用六祖惠能的话来归结：不思善、不思恶时，心在何处？这种无法之法导致后来曹洞宗的默照法门。在这种修行中，修行者不理会也不压抑心中升起的念头，只是维持对于念头的觉知，一有念头就放过，这样念头就会愈来愈少，直到智慧现前。

有方法的修行，可以根据数息、随息、公案、话头。在有方法的修行中，修行者也掠过恼人的念头，但却是借着专注于一个方法上，把心集中于一点，最后连方法本身也消失，智慧就会现前。因此，目标是相同的：修行者知道造成烦恼、不安、不稳的问题，根源于虚妄的自我。对禅来说，分析、解释都是不需要的。

在一些心理治疗中，治疗师与病人对话，以便找出病人心里所发生的事，双方都想要了解问题。治疗师会试着把病人的病症和自己所熟悉、接受的训练的系统、理论连接起来，来判定病人的问题。这并不一定可靠，因为每个人的生平、经验都不一样。治疗师也许相信他们的分析和方法是客观的，但他们也许是错误的。

人们接受心理治疗之后，可能觉得轻松、安慰；但是问题可能并没有解决，只是得到短暂的纾解。这并不是说心理治疗在解决问题上终究是没有用的，只是对许多病人来说，治疗可以维持个几天。再者，完全依赖科学也是有限的，因为世间存在着许多无法测量、观察的事物。比方说，面对来自业力或魔障的问题时，治疗师的理论可能就不管用。

禅师不试着处理个性的问题，而是教弟子佛法以及修行的方法，并且以身作则。

每个人应该都能使用禅的方法，但有的人没兴趣，有的人没信心或不愿努力。除非他们改变，否则就无法通过禅的方法和教诲来解决自己的问题。我们也必须知道，有些心理上有问题的人，禅是帮不上忙的。

我指导弟子修行，并没有必要顶着分析师的头衔。有些人参加过几次禅七，某些问题始终无法解决，因此在小参时，我也许会问些问题，扮演分析师的角色——虽然我没有接受过正式的训练。我的教导和指引根据的是我对人心和佛法的了解，所以有些参加禅七的人也许觉得他们所获得的利益类似心理治疗。

然而，我的做法并不是典型的禅宗做法。传统禅师的典型角色是把问题丢还给修行者，只是要他们继续修行。

这就好比有寄生虫在人身上吸血。如果发现身上满是这种寄生虫，一种处理方式就是一只只抓，那要花很多的时间和气力，更别提会失去多少血了；另一种简单得多的解决方式就是撒盐，让所有的寄生虫一次脱尽。禅的方法就像用盐治寄生虫，一次治疗整个人，而不是针对单一的问题。

处理每个事例中的问题，就像一只只抓虫，不但麻烦，有时还会有危险。在抓一只虫时，其他的虫有时间钻得更深，或者可能只是把它们暂时弄昏；更糟的是，可能把一只虫弄成三段，变成三只虫。心理问题也可能像这样，以为已经解决了一个问题，结果这个问题却以另一种形式或更多种形式出现。另一个附带的危险就是，寄生虫可能会传染给治疗师。所以，更好、更简单的方式，就是撒盐，深入根本的问题，也就是我执。

因此，许多分析师和治疗师对禅和佛法感兴趣，他们来这里修行，开发内在。他们告诉我，禅加强、充实了他们的方法，有了佛法的治疗师如虎添翼。

问：我从事心理治疗已经十年了。心理分析中，有个“否认”(denial) 的观念。比方说，有人在办公室里大吼大叫，然后认为没人喜欢他。但他不知道是自己引起别人的不喜欢，完全不知道问题出在自己，这就是否认。这是不是就是禅所说的忽略问题？

师：不一样。禅知道自己的所做、所思、所言，却超离自己的问题。大多数的问题都是由于执著于自我，或执著于固定的思维或行为模式。如果你承认念头存在，但不理会它，到头来它就不会出现来困扰你。对于打坐中出现的大多数问题，最好的方法就是不理会。如果你有更好的处理方法，就用那个方法。

禅七时遇到问题不知如何处理时，最好就是不理它，或者也可以找我帮忙，但我可能也是教你不要理它，或教你一个对治的方法。

问：打坐中这种处理问题的方法，也可以带入日常生活吗？

师： 如果你有定时打坐的话，那是可以的。但我不是要人在生活中忽略、否认自己的问题、困难，只是大部分的问题不是很严重，如果一直想着它们，就会夸大了。所以，这些小问题最好是忽略。至于长期存在、以许多不同形式出现的问题，就必须处理了，这些问题需要特别的注意。如果你需要帮助，我会倾听，可能提供指引，或者你也可以去找治疗师。

问： 心理治疗通常处理精神官能症，而不是精神病，所以类似魔障的事通常不会发生，虽然我相信有许多东西来自人们过去的业，并且影响问题。

心理治疗处理的是动机。如果该写信给朋友，却无缘无故拖延，可能是有什么事阻碍了你的动机，这可以归入精神官能症。精神病会阻碍人处理现实中的事，甚至连简单的事都处理不了。

好的治疗师不道破问题，而是试着要你知道自己的问题所在。他们也经常处理童年的经验。和父母相处有问题的小孩，成人之后可能会有同样的问题，只是更放大了。

总之，心理治疗是在小我或自我的领域。它对我有用，帮助我度过日常的问题，但我不能只靠治疗过日子。那就像是在黑屋子里跌跌撞撞，心理治疗可能给我一些方向，但我还是在一间堆满东西的黑屋子里。

师： 谢谢你让我了解心理治疗的角色。我喜欢治疗师让病人寻思出自己的问题，谢谢你的更正。

我也喜欢你最后的说法，人们可以从治疗中得到许多利益，但如果完全靠它的话，还是像在黑屋子里跑来跑去。

心理治疗有它的作用，但并不够。

治疗的模式经常是由一个人发展出来的，那个人的生平、经验、业力会影响他的所思、所感。因此，心理学的模式也是对其创造者的心灵的研究，对一般人未必正确。而且，治疗经常根据科学方法，所以必须和能观察、测量、证明的事物有关。如果不能证明，就不是科学。因此，分析师很难接受像是魔障、业力这类的事。

不过，幻听这类病症也不一定是由魔障引起的。

所以，懂一些心理治疗是有用的。无法从禅修获益的人，寻求治疗师的帮助是明智之举。我有时会劝人在密集修行之前，先寻求治疗。不管你的问题是什么，一天打坐一两小时不会有害，但密集修行则是另一回事。禅与心理治疗可以携手合作。

问：有件事我还是不明白。禅不理会问题，这和否认、压抑问题有何不同？

师：不理会问题并不像一般人所认为的。你不压抑自己的念头、欲望，也不把它逼出心外，只是让念头进出你的心，看着它，而不随它去。这是很困难的，只有精进修行的人，才有澄明的心和意志力做到这一点。

你不能使念头、欲望离开，它会以一种或另一种形式出现——或者假扮，或者在梦中，或者断断续续，或者波涛汹涌。打坐的人必须运用自己对于佛法的经验与知识来认清问题、处理问题，而且最好配合一些忏悔修行，像是拜佛，来协助减轻自我中心。这些都是有用的技巧，但不保证每次都有效。

打坐能使人更清楚掌握念头、感觉的升起，以及它们背后的动机。你能开始看见内在烦恼的根源和种子，随着这种清明而来的，就是更好的处理能力。你可以不随着这些念头、感觉而起舞。如果不浇水，杂草就不会成长；如果浇水，杂草就会在花园里四处蔓延。有的人不以为意，许多杂草的确可以开出美丽的花朵，如果是这样，至少你知道谁必须为后果负责。

觉知带来控制和能力，可以处理烦恼。你可能还是会向它们屈服，因为别无他法，也许只因为你想要屈服。有一个说法：无知就是幸福。被念头、欲望完全控制的人，不知道自己为什么会做出那种行为。他们说："我这个人就是这样。"并且一再承受后果。有些人责怪他人，有些人认命，接受痛苦的人生。

所幸，修行者不同。所幸，打坐、忏悔、佛法可以带给人更多的自觉、自制、谦虚。然而佛教徒并不是完美的，而灵修的道路也不尽平坦、笔直、清晰，这也就是为什么称之为修行。我们每个人都会有遇到波涛汹涌的时候，这时我最好的忠告就是：坚持修行，学习如何游泳，把头抬在水面上，往高处去。每个人都必须学着如何在自己的惊涛骇浪中活命。

为什么要读经

问：你推荐把读经当成禅修的一部分吗？

师：读经的方式有两种：一种是像读其他书一样，运用推理、知性，旨在了解意思；另一种是诵经，目的不在试着了解经文的内容，而是用文字的力量来摄心，培养禅定力。

为知性的了解而读经，自然会遇到不懂的地方。如果问题涉及专有名词或哲学观念，可以查参考书；查了之后还不懂，就该跳过，继续读下去。每部经中总会有不了解的地方。诵经的目的则不在知性地了解经文的内容，但如果遇到某些观念，那也很好，不必排斥。

如果读经的目的是想要对佛法有知性的了解，也许最好是读论。论是由开悟的祖师所写的，呈现的方式通常会比经更严谨、更有系统、更有逻辑。佛经不管多长，通常表达的只是一两个观念。整部《大般若经》六百卷，讲的只是一个“空”的观念，其他佛经也大多如此。

可以想见，一再重复相同的观念会使人厌烦，但重复有个特殊的作用：可以让佛法的观念渐渐深入人心。经从许多不同的角度，使用许多说明和类比来呈现观念，但基本上总是一个相同的观念。由于只是集中在一两个观念，所以最适合念诵。即使为了知性的理由而读经，依然能从这种经验中得到很大的利益。

有关这方面的经典太多了。对禅修者而言，我会推荐《心经》，因为它言简义丰。另外我也推荐《金刚经》。如果是为了读经，《心经》比较适合，因为它所呈现的观念比《金刚经》多。另一方面，《金刚经》较适合诵念，因为其中的观念比较少，常重复。

我也推荐《圆觉经》和《楞严经》。虽然这两部经比较适合念诵，但也是佛法观念的重要源头，其实它们在形式上接近论，因为其中提出许多的观念，而没有太多的重复。这两部经强调修行，讨论的是打坐的不同层次，以及与修行相关的经验，也分析众生和世界的本质。如果没有老师在旁检视你的进展，就该查阅《楞严经》，来确认自己的体验，决定自己的方向是否正确。

《维摩诘经》也很好，因为它讨论的是“自性净土”和“不二”（不区别彼此）这两个重要观念。《心经》中的“不垢亦不净”，意指净与不净是不可分的。对开悟的人来说，垢与净是相同的，净土和众生的世界也是相同的。

问：你是否推荐阅读或诵读《华严经》？

师：《华严经》很适合阅读或诵读。这部经采取的是佛法的唯心的角度，也谈到菩萨最后、最深的境界，从初地到十地，但并没太谈到人界，或众生如何修行可以开悟。因此，《华严经》被认为是困难的经典，但依然值得阅读。

问：就我所了解，经是由释迦牟尼佛所说，只有《六祖坛经》例外，是由六祖惠能所说；论则是祖师对经典的评论，对不对？

师：论是由祖师和学者所写，分为两种：一种是祖师综合几部观念相同的经典，建构成较庞大的系统；另一种是对于单一经典的注释。

原则上，所有的经都是释迦牟尼佛所说，但也未必。比方说，《维摩诘经》和《华严经》可能是由其他佛菩萨的化身所说，但因为没有悖离佛法，所以也被认为是经。

问：你对现代的佛法著述，像是铃木大拙的《禅心 · 初心》（*Zen Mind*，*Beginner's Mind*），有何看法？

师：像这样的著述是好的，如果多年之后依然被认为是重要的、值得的，就会成为祖师的著述。

问：可不可以默诵经典？

师：如果默诵经典，那么在心里依然必须有声音，否则无法集中注意力，也许会陷入昏沉。

问：诵经时，该用梵文、中文，还是可以用英文？

师：如果你根本不在乎经文的意思，那么念咒比念经好。虽然咒语在原文中可能有意义，但不必去了解。读经则不一样，即使不是有意试着去分析其中的观念，经义还是会自然沉浸到心里。诵经时，不但心静下来，同时对佛法的观念也得以修正、精炼。因此，最好是以自己最了解的语言诵经。

曾经有一位天台宗的祖师智者大师在诵《妙法莲华经・药师佛品》时，突然见到释迦牟尼佛正在主持这个法会，仿佛法会仍在进行，甚至看到自己的师父也在座。在这之后，他的智慧大增，甚至被尊为“东土小释迦”。

近代的太虚大师（1890 至 1947 年）在闭关诵《大般若经》时，突然失去所有的时间感，后来才回到正常状态。在那次经验之后，他的智慧有如泉涌。

这些都是开悟的经验，而且在这两个例子中，两位大师都不是在分析经典，而是一再诵念。

晚明的蕅益大师（1599 至 1655 年）也有许多体验，但没有一次来自打坐，全都是来自读经。其中有一次是在注解经文时，突然智慧自内涌现，写出原先没有要写的东西，而完全是自发的。

阅读和写作可以导致开悟，但当然要看所读、所写的是什么。读经时，心中没有念头，不分析经文的意思，可以导致开悟。读闲书会导致同样的经验吗？那是很不可能的，因为那时的心态不恰当。再者，读经时，一字一句都像开门的钥匙，使人能更深入修行。

咒语则不同，念咒可以帮助静心、集中心力。念咒和诵经同样可以得到某些力量，但只念咒可以开悟吗？禅宗并不支持这种看法。

问：咒语的力量从何而来？是那些字本身有力量，还是来自一再重复的诵念？

师：都有。咒语是象征，代表某位佛菩萨的力量，因此咒语本身就有力量。就这个意义而言，力量来自咒语的声音。再者，专心一意念咒也会从内在产生力量，即使原先无意于此。

问：必须用梵文念咒语吗?

师：念咒应以原文来发音，不过咒语又分中国道家的咒语和梵文的咒语。

问：咒语来自释迦牟尼佛吗?

师：咒语不是释迦牟尼佛所教，而是开悟者的化身所教。

禅与民族文化

问： 为什么在中国古代有那么多的禅师和高明的修行者，而我们这个时代却很少？是否在以往修行不同，或比较容易？是否东方文化更适合修道成佛？

师： 当然，文化和历史对禅有很大的影响。禅在唐朝出现时，中国已经因缘成熟，能够实现教法的改变了。儒家和道家是中国两个本土的哲学传统，当时已经到了成熟期，在这两个传统中有才华的修行者或学者，很难进一步突破。相对于儒家和道家这些熟悉的传统教义，禅宗提供了崭新的、直接的角度。那些转向禅的人，在智力和修行上已经准备妥当，因此他们以很稳固、坚定的方式采纳教义和修行的方法，而能快速、稳健地进步。

即使当时的条件很理想，但在许多大寺院中只有少数人通过禅得到高深的体悟。宋朝时，修行者少得多，有成就的祖师因而也少得多。一部分是因为儒家采用了若干禅的特色，把许多人吸引了回去。然而宋朝也有一些大师，像是道元（1200至1253年）的师父如净（1163至1228年），对于曹洞宗在日本的建立和传播上，就发挥了很大的影响。

文化环境对禅的成功也有影响。唐朝和宋朝时，禅修者能独立于社会之外在深山修行，不受政府的干扰，不依赖供养，也不靠信徒维生，他们的生活方式稳定而单纯。而且，他们态度认真，全力投入修行。许多人到深山修行，开发智慧，一修就是一辈子，他们的决心持久不变。

现在让我们谈谈在西方的禅。美国和中国有些相似的地方。其中之一就是西方人之所以转向禅，是因为对自己原先的宗教和哲学不满，这和唐朝时的儒家、道家人士一样。禅的教义吸引了有才智、心胸开放的人。对于寻求不同灵修途径的人，了解禅的教义是正面、有益的。

另一方面，没有太大困难就接受禅的教义的西方人，在修行方面上不见得那么得力。对美国人来说，真心修行是困难的，这牵涉到态度、环境、意愿。

就修行的意愿和态度而言，西方人和唐朝的中国人不同。修道的观念在中国文化中早已根深蒂固，所以转向修禅是很平顺的。美国人就没那么幸运，西方文化大多没有这种观念：以个人的认真修行来发现、解决人的生存问题。在西方宗教中，人们倾向于依赖神的权威或神的爱，来解决他们的问题，虽然这种情况可能正在改变。

修禅的美国人通常并不清楚了解个人的修行接下来是什么。比方说，禅宗顿悟的观念很吸引人，但西方人并不能够完全接受，可能得经年累月，甚至一辈子修行，才能产生这种经验。由于个人的修行观念在西方文化中并不深入，西方人显得比较不愿意投入长期的禅修。

到底要投入多少时间修行？这要看你想达到什么成就。如果要想有进步，最好能投入几年的时间专心修禅，而且最好是趁年轻时，因为修禅需要很多的精力。

每天修行几个小时，在日常生活中是有利的，但很不容易达到深悟。每年抽出几个月来修行，比一天抽出几个小时来修行要好。然而，在家人却很难做到。如果有了开悟的经验，却必须回到家庭，过正常的日常生活，几乎不可能保持来自开悟状态的力量和见解。

唐朝时，大部分的修行者都是出家人。美国的修行者愿意出家吗？现今日本大部分的修行者都是在家人，修行者一家人都能住在庙里，或者修行者住在庙里，家人则住在一般的社区。我不确定在西方能不能创造出相似的环境。

在美国，我觉得禅大多会由在家人来修行、教导，因为似乎很少人愿意出家。这些在家人会是那些有开悟经验的人，他们成为禅师，指导其他人。如果发生这种情况，修行和成就的层次如何？在家人不能达到高深的开悟层次，这种说法是错误的。但如果修行时继续和家人住在一块，又能投入多少时间和精力修行呢？

文化环境也对大多数美国人造成问题。为了要有大的进步，禅修者应该过稳定的生活，不太忙碌、混杂。单纯的生活方式是必要的。公元9世纪时，有位很有学问的修行者香严智闲。有一次，师父给他一个问题，尽管他学问好、修行久，依然没办法回答。于是他放下佛教，搬到深山独居，单纯地过日子。有一天在清扫茅屋时，他扫起的一粒小石子打到一株竹子，他闻声而开悟。虽然他放弃了禅的正式训练，但师父问他的问题一直萦绕在心中。他之所以能开悟，是因为心境单纯，而且在单纯的环境中过着单纯的生活。

在我们这个时代，类似的情况很难发生。首先，现代人很难离群索居。但还是有些地方可以居住，不受干扰地修行。其实，就外在环境来说，美国是修行的好地方，因为地大物博，政局稳定，并且能够接纳不同兴趣的人。所需要的就是对修行的正确态度。如果有机会不受干扰地生活、修行，你会坚持到底，还是几个月之后就会放弃？

美国人的另一个问题就是不定。人们经常在找新老师、新教法，如果短期在一个系统中没有进展，就会换另一个系统。经常从一个老师跳到另一个老师，这样一来，不管多么认真地修行，都很难进步。

禅修要进步的话，基本条件就是在一位老师的指导下修行。大慧宗杲禅师（1089至1163年）在一些人看来是深悟了，但还是有人劝他去找圆悟禅师（1063至1135年）。大慧有幸遇到这位伟大的禅师，在一年内就有两次更深的体验。在大慧禅师的修行过程中，圆悟禅师是必要的因缘。

现在，很难得有大师在西方出现，但这并不表示未来就没有希望。西方的佛教依然处于婴儿期。人们必须先采取正确的心态，必须适当地了解禅修以及培养智慧的重要。当这种条件成熟时，大师就会出现。

唐朝时，中国已经准备好迎接六祖惠能的出现。但如果不是五祖弘忍的努力，情况会困难得多。当时的土地已经很肥沃，准备承接像惠能这样的种子。当西方的土地肥沃时，大师也会在这里出现。

问：你是说因为西方人的业还没成熟，所以大师还没在西方出现？

师：是的，但我这个观点并不限于西方。某个文化先天就比较适合禅，根本就没这回事。禅是普遍的。如果一个人、一个文化，有适当的业遇到好禅师，那么禅师就会出现。中国文化在唐朝时已经适合好禅师出现。如果中国文化继续适合禅的话，现在依然会有许多好禅师，但情况并非如此。也许西方是下一块肥沃的土地。也许我们正为此播下适当的种子，以便在不久的未来可以开花结果。西方似乎拥抱着东方的观念和作法，而东方却反其道而行。也许禅下一次是在西方兴盛。我期盼这种情况出现。

佛教的娱乐观

问：出家人的戒律之一就是避免某些形式的娱乐，像是看电影、听音乐、读小说。在家的修行者也该避免娱乐吗？通过娱乐的方式来弘扬佛法，是不是违反佛教的戒律？我觉得自己在许多非佛教的艺术——音乐、电影、文学——中看到佛法，这是不是有利，还是我只是为自己的欲望找理由？

师：出家人要守的戒律很多，其中之一就是远离娱乐。某些形式的娱乐成为让人发泄感情或情绪的场合。显然，演员在表演时会发泄感情、情绪，因此观众接触到他们的表演时，也同样会发泄。那是艺术的基本功能。

出家人应该避免成为表演者或观赏者。这也许看来过于严苛，但愈是参与这些活动，就愈会执著于它们。人们可能在欣赏表演之后体验到短暂的发泄，但会有强烈的欲望想要重复那个过程。就这个意义来说，这些活动是会上瘾的。

出家人的目标是把所有的欲望抛在脑后。如果参加娱乐活动，就很难、甚至不可能斩断欲望。出家人应该运用来自佛法的修行和指导，来减轻、终至去除欲望。戒条是出家人的准则和提醒。

如果出家人没有认真把欲望抛在脑后，就没有理由或需要出家。然而，今天很难避免所有形式的娱乐，否则就会陷入孤绝的状态。禅中心（位于纽约皇后区）的墙没办法阻挡来自街头的音乐声，而且虽然住在寺庙里的人不参加各种娱乐活动，但并不反对其他人从事这类活动。

如果从事娱乐是避免不了的，那么出家人就该用方便法门。对于视觉的娱乐来说，解决之道很容易，就是不要看。但声音的解决之道就没那么简单了，而要看个人的修行。功力高的修行者可以听而不闻。在这种情境下，出家人必须尽力而为。

有两位年轻的台湾出家人原先到我的寺庙里尝试僧伽的生活。第一年，有些时候他们觉得不安，拜佛和打坐都帮不上忙。最后两人决定去看电影，他们知道这严重违反寺院的戒律，但还是去了。结果被我发现，因此他们回来时，我就问："该怎么办?"他们说："我们晓得自己违反戒律，但还是决定去看电影。"在那之后，这两位年轻人变成好的出家人，不再那么不安，也没有看电影的欲望。

在家的修行人不必戒绝娱乐。看电影和从事其他类似的活动，可以帮着解除不安或其他的情绪。即使他们决定持守八关斋戒，也只须在一个月中选择六天避免娱乐。这给在家人一个体验出家生活的机会。然而在家的佛教徒可以唱歌、跳舞、看电影、看录像带，而不必害怕破戒。

然而，出家人有时会扭曲规则。

有一次在台湾看到一位出家人大声唱诵，我就问："你是在修行吗？"

他回答："不，其实我觉得不舒服、很不安。我想要唱歌，却不能唱，因此用这种方式来抒发我的挫折感。"

我说："这不是正确的唱诵方式。唱诵时应该出于恭敬心，不该唱得那么大声。"这位出家人并没有破戒，但这种行为却不像出家人该做的。

他说："今天我们都能从收音机中听到大声的唱诵，那就是正常的吗？"

我说："他们那么做，是为了把佛法尽可能传播给更多的人。而你是在对谁唱诵？"

他回答："我试着把内心不定的情绪抒发出来。你可以说我是在对鬼唱。"

从佛教的观点来说，我不反对人唱歌、跳舞、表演。其实，我们的禅中心在佛诞日的时候也安排表演活动，我也看他们表演。我并不渴望娱乐，而是因为庆典的缘故，我则随喜。

如果娱乐是法师工作的一部分的话，是可以参加某种形式的娱乐的。比方说，台湾拍了两部电影，一部是有关佛陀的生平，一部则是有关观音菩萨的生平。两部片子杀青后，制作人邀请我参加试映会，看看片中所表现的合不合佛法的精神。我当然去了。相反的，如果出家人晚上去看电影，那就不能接受，因为那是为了个人的满足。

我认为，用唱歌、跳舞、表演和其他艺术形式来传播佛法是好的。我鼓励人用现代语言从佛教的观点来讲故事，内容则不必来自佛经。印度著名的佛教大师马鸣曾根据佛陀的生平写诗、编曲，让人歌唱。宋元时期，也有佛教大师编曲让人歌唱，传播佛法。

以文学传播佛法的实例很多。《华严经·入法界品》中提到，一位菩萨到各地参访五十三位大善知识，向他们学习修行的方法，但这读起来很像长篇小说。《妙法莲华经》中也有一些故事写得很华丽，而许多佛经以很文学的方式传达佛法。

现代的中国长篇小说根源于明清的历史小说，而明清小说又采用了佛经里的文学风格。佛经经常使用的格式就是在长篇宣讲之后来一段韵文。在许多中国历史小说中，把这个次序倒反，章节开始时先是一首诗，然后是故事。

问：有没有可能从音乐、戏剧、艺术、文学中，得到与修行相似的效果？

师：我认为音乐是可能的。比方说，在禅七时我们早晚课诵，诵唱其实就是音乐。我谈的不是那些会让人刺激、兴奋的音乐。有利于修行的音乐应该能帮助人安定下来，让心从混杂散乱的状态进入平静集中的状态。

我听说有位韩国女士编了一支禅舞，如果看她的表演能让人稳定、澄明、冷静的话，就该鼓励人去看。

同样的，如果文学作品的用意是要传播佛教的观念，那是有用的。但我怀疑只是读小说是否就能开悟，但如果能通过阅读而对禅的教义和态度有更深入的了解，那是件好事。

人们可以从艺术或修行的角度来看这些例子。从艺术的角度来看，人们为了自己的享受而聆听、观看、跳舞、唱歌、阅读。从修行的角度来看，人们从事这些活动是为了帮助平复日常混乱不定的心。

问：有时我专注于阅读很艰深的诗，之后觉得心很澄明轻安，这种感觉和坐了一炷好香的经验相似。

师：当心集中时，就能体验到这种感受。但这是读诗或小说所能达到的最高境界，无法带人超越集中的层次。在那之后，心就会不集中，或被所阅读的材料牵引到其他方向。

问：沉思是不是修行的一部分？有时在禅七时，你要我们沉思心里升起的念头。为什么不能沉思故事、诗歌或绘画呢？

师：我要你们所做的沉思，不该包括逻辑的思考；相反的，你们应该把心放在一点上，直接看到事情里面去。这很难解释，但不同于运用逻辑，也不同于跟随一连串的思想而到达结论。

通过音乐、舞蹈、文学，有可能体验到一些类似来自修行的事物。我们可以把修行理解成帮助修行者从散漫心进到集中心，由集中心进到统一心，再由统一心进到无心。通过艺术的形式，有可能达到集中心，但很难体验到统一心，更别提无心了。

问：似乎历史悠久的传统大都抗拒改变，但我觉得如果佛陀今天在世的话，很可能会使用现代的科技，像是录像带、收音机、电视等。这对完全不了解灵修传统的人特别有用，因为运用现代科技可以接触到更广大的群众。

师：我的组织的确以 CD、录音带、录像带来传播我的开示。然而，这些并不是为了娱乐，而是为了弘法。

问：许多寺庙并没有导师，那么对于那些无法接触到大师教导的出家人呢？

师：收看娱乐录像带是不可能的，但教学录像带则可以，尤其是在寺庙或教学中心播放的话。戏院的观众可能很杂，使人分心。

问：有许多有关打坐的录音带，有些配上音乐，有些配上文字，我觉得他们所教的只能达到某个层次，也许只到达集中心的程度，但很肤浅。禅修打坐的录音带会不会破坏教禅的目的？禅强调的是追随一位法师修行，而人们也许认为录像带可以取代老师或禅七。像这样的录像带很可能会误导人，尤其是如果佛教团体支持这种录像带的话。

师：是有可能制作不同层次的打坐录音带，但较高层次的修行不能用这种方式来传达。到了某个程度必须随师修行，但我赞同为初学者录制教学录音带。

问：书法和绘画呢？

师：这些也包括在艺术中，因此前面的说法也同样适用。通过这些艺术形式可以使人达到某种层次的集中，但极难体验到禅的开悟。出家人的戒律不禁止绘画、书法、诗歌甚或摄影。然而一般说来，出家人不该花太多时间在这些事情上，否则很可能就没有足够的时间、精力投入修行了。

许多出家人以书法、绘画、诗歌闻名，但除了少数例外，在中国佛教史上都没有显著的地位，因为他们不是杰出的修行者。

问：那么寒山呢？

师：寒山是碰巧写诗，但他并不自认是诗人。

问：先前你说娱乐可以让人发泄情绪。比方说，听乐团演奏交响乐，可能使人感动落泪。这和禅七中有人可能会感动得痛哭流涕有何不同？

师：两者有些相似之处，但不是同一件事。人们在修行时大哭大笑，通常并不知道自己为什么这样。与其说是发泄情绪，不如说是调适身体。聆听交响乐时落泪的人，知道自己为什么落泪。

人们也可能在禅七时想到一些事情，使他们用特殊的方式来发泄情绪，但事后通常觉得轻松、平和。聆听交响乐落泪的人，可能也觉得轻松、平和，但大多数情况可能并非如此。此外，禅七中觉得平静，有助于修行。在交响乐中落泪之后而觉得平和的人，很可能并没有运用他们平静的状态。听交响乐时你落过泪吗？

问：没有，但在禅七时我哭过，事后却不觉得平和，因为没有完全发泄出来。

师：你说的不错。你并没让它完全发泄出来，否则就会觉得更好受、更自在。如果没有让它发泄出来的话，就会觉得不舒服，好像窒息一般。

诗歌与王维

问：王维（701 至 761 年）是中国唐朝的大诗人，曾担任政府官员，是虔诚的佛教修行者，也是护持佛法和僧团的大护法。你能不能从他的诗断定他是不是成就很高的修行者？从他的诗中，能不能学到与佛法相关的要旨？

师：首先，我必须承认，我没下过工夫研究王维的诗，但读过一些。其实，中国文学和诗歌很多都有禅的风味，因为王维有名，所以许多人能记得他的诗。王维以书画和诗歌闻名，由于他对佛教的兴趣，因此被称作“诗佛”。我们不该把他视为最好的诗人，或已经开悟的人；他不过是个诗人，又碰巧是佛教徒。

王维的许多诗都谈到大自然，这些诗表现出宁静安详、自由自在的空灵气氛；但其他诗人也写过类似的诗，有些在王维之前，受到其他的影响，比方说道教的影响。因此，我们不该立刻推测，中国有关大自然的诗是受到佛教的影响。真正受到佛教影响的诗，必须具有下面的特色：无我、无执、空灵。

我们在王维的诗中能找到许多佛教的主题，也知道他景仰僧侣的生活方式和言行举止。他的诗有时对比出家人与在家人的生活，深切传达出对僧侣的崇敬，因此可以推断他崇拜佛教，但无法确定他是不是有高深成就的修行者。在我所读过的王维作品中，看不出这一点，但他的确知道一些修行的方法。

能不能从王维的诗中断定他的成就，这很难说，因为这种断定是很主观的。同样的，能不能通过他的诗得到有关佛教的深入见解，也很难说。

问：王维在《胡居士卧病遗米因赠》这首诗中用上佛教的用语，这是真正的感受，或只是艺术的手法?

师：这首诗中有许多来自《维摩诘经》的典故，也描述了某些具有禅味的态度。然而，我也读过一些完全未曾修习佛法的读书人所写的诗，也能传达出很高层次的禅意。这首诗并不能证明任何东西，比方说，“无有一法真，无有一法垢”这两句，其实直接来自佛经。我们能说这两句诗直接来自王维的修行体验吗?

问：不知香积寺，数里入云峰。
古木无人径，深山何处钟。
泉声咽危石，日色冷青松。
薄暮空潭曲，安禅制毒龙。

——《过香积寺》

这首诗似乎传达了某种成就，能否请你评论?

师： 诗人通过他们的艺术境界观看世界，尝试表达这些境界在他们心中所激发的感受，而读者通过诗人的文字进入他们描写的世界。如果诗人成功地做到了这一点，那很好，这就是艺术的功能。但这也是烦恼，而烦恼可分为许多不同的层次。

佛教有时谈到三个层次的感情。第一个或最低的层次包括粗糙、突兀、猛烈的情绪。这些在人心中突然升起，是人们对于不同刺激的立即反应，所以往往是突兀、不平稳的。第二个层次包括比较平稳、精炼的感情，通常指的是更正面的感情，比方说持久的爱。然而，这个层次依然会有起伏摆荡。第三个或最高的层次包括极精炼的感情，少有执著，就像是迈向真、善、美的期望，有时被称为艺术家的开悟或境界。能达到这种程度的确是很好。

诗和画在这一点上相似，面对好诗、好画，读者或观者能进入那个世界，感受到艺术家所要传达的感情。

王维就是这类的诗人。对于艺术爱好者来说，可以发挥很大的功用，也能帮助那些不打坐的人，在他们陷于工作困境时，减轻他们的烦恼。

问：《鹿柴》也许是王维最著名的一首诗："空山不见人，但闻人语响。返影入深林，复照青苔上。"全诗结尾时，人完全消失，就只剩下光。请师父品评这首诗。

师： 这是诗，要怎么诠释都可以。比方说，许多禅师认为，任何事情都是完美的、最高的。如果从那个观点来诠释这首诗，可以说它描写的是禅的意境。

即使如此，都还不算是高层次的禅。诗中谈的空山，指的是没有人的山，然后提及人声，最后引到照在青苔上的光。谁看到这一切？其中依然有个在看的人。只要有自我存在，就不会是高层次的禅。

问：道家和佛家似乎有些相通之处。其实，有一种说法：老子到印度成了佛。禅与早期的上座部和小乘佛教不同，这些差异很多似乎来自道家的影响。

道家崇尚自然，谈论宁静、变幻不定却又永恒的自然的本质。《华严经》提到共相与殊相交相作用。同样的，禅修的目标之一就是使心统一，并与自然合而为一。我最后这个说法正确吗？道家对佛家有没有影响？

师：总是会有来自其他文化和传统的影响。老子、孔子与释迦牟尼佛是同时代的人，因此佛教传入中国时，道家和儒家都已根深蒂固了，人们自然以自己所知道的来诠释佛教。禅，尤其是南宗，受到道家自然主义倾向的影响，比方说，一切众生，不管有情、无情，都能成佛，这在原始印度经典中是找不到的。有一则有关道生大师（355 至 434 年）的传说：道生说法时，无人在场，顽石却点头。这些都是道家的影响。这些观念在六祖之后的法师作品中出现。

王维很可能受到道家的影响。同时，出家人也写禅诗、画禅画，这些诗、画传达出空灵的境界。这些艺术品传达的观念是：任何法都包含了整体。这些画倾向于抽象式或印象式的。这些作品和受自然影响的艺术不同，而是直接受到禅的影响。

至于心与自然统一，打坐到某个阶段时，可能达到身、心、环境了无分别的状态。那时内外统一，前念与后念统一。诗和艺术是可能传达这种感受的，诗人和艺术家也可能没有经过修行而体验到这个，但极为困难。

问：佛性存在于每个地方、每件事物。艺术家通过与艺术的密切结合，可不可能甚至不知道佛教，也达到某种层次的禅的境界？

师：艺术家是有可能达到所谓艺术家的开悟的境界的，这是一种统一心，这时艺术家与艺术合而为一，但这个经验根据的依然是“有”，而不是“空”。我们可以把艺术家的证悟当成较浅层次的禅的成就，但那和见到自性是不同的。

问：四弘誓愿中的第三条“法门无量誓愿学”是什么意思呢？你曾说过：任何事，甚至知性的强调，如果心中没有烦恼、障碍，都可以是通往开悟之道。

师：如果心中没有烦恼、障碍，就已经开悟、见到本性了。只是因为似乎没有感情上的困扰，并不表示就没有烦恼。

问：如果艺术变成方法，那又如何？可不可能深深融入作品中，而体验到无我的境界？

师：那几乎不可能。如果完全融入艺术中，艺术就成为你的世界和生命的整体。你也许认为没有自我，但依然执著于艺术。

问：那么第三条誓愿的意义又如何呢？

师：“法门无量誓愿学”说的是：菩萨学习无量无边的法门，是为了帮助众生，而不是为了修行者自己。比方说，如果有人只是对跳舞感兴趣，菩萨会学跳舞以便帮助那个人了解佛法。

责任与修行

问：修行需要很多的时间与努力，而大多数的修行者都是在家人。如果生活中的责任愈少，就愈有时间修行，也愈少障碍。能否请师父针对自由与责任来开示，并以婚姻与孩子为例？

师：对于禅的修行者来说，承担责任是修行的一部分——不管出家人、在家人都是一样。如果你结了婚，不管配偶是不是佛教徒，都该承担作为妻子或丈夫的责任。

如果你的伴侣不了解你为什么花那么多时间和精神来修行，就该把伴侣当成菩萨，是来帮助你培养耐心和容忍的。

然而，要维持这种态度是很难的，因为你自己不是菩萨，很可能就无法把别人当成菩萨。大多数人在这种情况下会试着逃避责任和问题，或者事先避免。

刚才有人提到，婚姻失败时很难修行。当然，我不知道他们分手的原因，但在大多数情况下，婚姻失败是两个人的结果和责任。如果婚姻失败是因为你希望责任愈少、自由愈多，你可能需要改变态度。

你也许认为修行的唯一方式就是打坐，其实那种想法是不正确的。打坐能帮助你比较不受制于情绪和感情的搅动，但生活中的任何一种方式——工作、家庭生活、与伴侣的关系，也都是修行的机会。把那些责任当作修行而承担下来，才是明智之举。

即使出家人，修行也不限于打坐。我不成天打坐，我的生活充满了许多责任。其实，出家意味着正式放下个人的喜好，把时间和精力用于帮助他人。这些都是修行的一部分。僧侣可能没有家庭责任，却承担起了更大的责任——众生。

问：生育和照顾小孩的责任呢？认真的修行者没有小孩是不是比较好？如果这样的话，是不是逃避有家室者的责任？

师：首先，从佛教的观点来说，如果你生小孩，是创造了一个场合，让另一个众生开始另一回的生死轮回。另一方面，如果你没有生这个小孩，这个众生通过其他的因缘还是会出生的，因为他的业力就是如此。

这就牵涉到用心了。如果你避免有小孩是为了诚心想要认真修行，那是可以接受的。这意味着你真的把大多数的时间都用在修行上，与追求或逃避无关。但如果你说："我不喜欢小孩，因为小孩会妨碍我修行"，这种态度意味着厌恶小孩，那就是自我中心的错误态度。

还有一个现实的问题。如果没有小孩，就真正表示你的修行会更好？如果有小孩，就表示修行会分心？如果没有小孩，你可能会把时间花在其他事情上。另一方面，如果有小孩，你必须割舍许多其他兴趣来照顾家庭，反而可能有更多时间来修行。

有位禅中心的成员说，她因为小孩而减少了修行的时间，但真正是因为小孩吗？就她的情况来说，那与她安排时间及优先顺序的方式有关。她花了很多时间工作，好多赚些钱让小孩将来能上大学。同时，她雇人在她工作时来照顾小孩。因此，妨碍她修行的是工作，不是小孩。

问：但如果父母不工作，以便有时间修行，后来却发现自己的小孩不能上大学，这难道就对吗？

师：如果有小孩，要做多少才能符合你对他们的责任，要看个人及情况而定，因为你可能能力和资源有限。如果家境不好，可能无法送小孩上昂贵的大学或任何大学。在上面所说的情况中，那位母亲要小孩拥有某些东西，而她为此努力，以致修行的时间无法像以前那样多。那是现实的情况。这是她的选择，她的业。

另一方面，禅中心有另一位母亲，她有一个小孩，却修行得很好。她每天打坐，对禅中心奉献很多，几乎每次禅七都参加，她还是匀得出时间，那是她的选择，她的处境。就我的观察——至少在台湾——成家后应该有小孩，因为如果没有小孩，尤其结婚几年后没有小孩，很难维持幸福的关系。

问：为什么？

师：如果夫妻之间有冲突，小孩可以作为缓冲。夫妻之间有了这个共同的联系、共同的兴趣，就不会为了小事大做文章，也不会为了小小的差异而分手。当然，在美国离婚很容易，但作为修行者，这种极端的情况应该很少发生。

古时候在中国，有些著名的在家居士不但修行得很好，同时还维持着大家庭。他们的小孩绝没有障碍修行。我把中国的那个趋势和美国现在的这个趋势，都视为短暂的。现在，这里的人参与的活动很多，维持小家庭，但未来情况会改变，也许会变得像中国古代那样。

当然，现实地说，小孩占了你很多时间。在禅中心，除了极少数的例外，有小孩的人比较难参加这里的许多活动。我的意见是：如果刚开始修行，没有小孩比较好。

问：因此，你是说刚开始修行的人最好不要有小孩？

师：我不会那么说，因为如果那样的话，有些人可能认为自己一辈子都是刚开始修行，就永远不要有小孩。必须知道，对许多人来说，有小孩的主要作用是强化婚姻和家庭的联系。如果婚姻中困难较少——如果夫妻是朝向幸福、正面的关系迈进，那么没有小孩是好的（译注：此段接下来几句见于原版，不见于修订版）。如果关系开始恶化，有个简单的解决之道，就是生个小孩。在美国，人们的想法可能不一样，但在台湾，夫妻就婚姻的困难来向我求教时，我大多要他们生个小孩，大部分的时候问题就解决了。如果问题只是在表面上，这种做法可以奏效。但如果婚姻中存在着基本的问题，我就不会劝他们生小孩，那又是不同的情况。

问：如果我们把有小孩想成是强化或拯救婚姻的方式，那么我们对于小孩的责任又是如何？

师：不要把有小孩想成是解决婚姻问题的方法，而是有小孩时责任更大，自然就会协助强化婚姻的联系。在这种情况下，小孩是在帮助步出困境。另一方面，如果夫妻承担有小孩的责任，他们也是在帮小孩。

有一对夫妻以往经常吵架，后来有了小孩。我问他们情况如何，丈夫回答说："情况改变了。以前我们总是在吵架，现在小孩使我们忙得团团转，根本没时间或精神吵架了。"因此，如果要使自己的婚姻关系冷静下来，有个小孩可能是明智的选择——小孩会成为你们注意和精神的焦点。

问：在卡斯塔内达（Carlos Castaneda）的书中，唐璜奉劝他的信徒，不管是男是女，如果要走上灵性斗士之路，就避免有小孩。他说，小孩一出生就取走父母很多的生命能量，使他们虚弱。他也说，如果要保持个人的力量，就不要有小孩。你的意见如何？

师：禅不相信这些观念。小孩当然从父母取走能量，却是以自然的方式。小孩成长，需要注意和照顾，奉献这种时间和精力会使人消耗。

我先前说过，如果刚开始的修行者，要有小孩又要修行可能很难，会花很大的气力、精神、时间、努力，才能集中心志。但是，即使结婚而没有小孩也会有问题，可能会制造自己的障碍。在这种情况下，最好过出家人的生活，或至少过单身的生活。

从禅的观点，我要再次强调：修行不只是打坐，生活中的一切都应该是修行的一部分。

问：我单身时，修行顶多称得上反复不定。现在结婚了，每天修行。就我的情况来说，婚姻帮助了我的修行。

师：帮助你修行的不是婚姻，而是你的态度改变了。单身时，你可能有许多兴趣，不知道如何明智或有效地运用自己的时间。现在结婚了，心理上准备定下来，结果就更能集中精力。

问：打坐不是修行的唯一方式，但如果要达到更深层次的修行，打坐就很重要。在这个意义上，婚姻和小孩会不会不利于修行？会不会妨碍人成为大师？

师：佛陀传授佛法时，知道不可能所有的人都成为僧侣。出家能帮人把自己的欲望抛在后面，只有少数的修行者可能如此。因此，佛陀针对在家人和僧团制定了不同的教诲和戒律。

在家修行和出家修行有许多不同的地方。在家人和家庭、生涯、财产、个人事务关系比较深；出家人发誓弃绝这些东西，就理想而言，他们应该一无所有，包括自己的身体。

一般人最强烈的执著就是对于他人的执著。年轻女子最执著于父母；后来，男朋友或丈夫成为最重要的人。有了小孩之后，小孩又变成是最重要的。小孩成家之后，继续对小孩和他们的小孩有很深的感情。凡夫的生命中充满了对各种关系的执著。

有这么多的执著还要全心修行，是很难的。其中可能并不包含性；但如果包含了性，也会成为极深的执著，性行为使人很难培养出禅定。

爱与婚姻可以成为许多烦恼的源头，但未必障碍人成为好的修行者。另一方面，爱和婚姻会使人很难成为好的老师，虽然并不是完全不可能。此人可能是好老师，但很难培养出深厚清净的智慧。当然也有例外。在西藏的宁玛巴传统，有些结婚的老师成为大成就者。然而，这些大师的力量来自于精神导师的祝福和个人的修行。

如果有支持你的配偶或伴侣一块修行，那是最好的安排。那种生活是基于彼此的照顾、尊重、敬爱，而不太以性来定义彼此的关系。那种生活是获得解脱的良好基础。

在非佛教的社会中培育佛教的子女

问：我们不久就要有小孩了。我们是把佛教融入生活中的西方人，不知道应该如何来培育小孩。许多人之所以转向佛教，是因为对以往的信仰不满意，原因不一而足，我们就属于这一种人。我们不愿意向别人传教，包括向自己的小孩传教。美国佛教徒夫妻要在大多数人不了解佛教的环境中培育小孩，对这问题，你有什么建议？

师：首先我们必须接受、肯定这个看法：宗教能帮助小孩。父母心中有这种观念之后，甚至在小孩尚未出生就可以开始传达佛法。还没出生的小孩就知道外在的世界，而且能够接受祝福和功德。

尤其是母亲在怀孕时就可以开始培育小孩，要避免情绪性的行为，或悲哀、愤怒的感情，维持平稳、快乐的心境，随时愿意帮助别人。在这种情况下，小孩比较有机会生下来就个性好。

如果夫妻是天主教徒，小孩出生后就会受洗，得到祝福、名字、教父教母。佛教没有这种仪式，然而父母依然应该让小孩受到祝福，可以请法师或出家人来祝福。而且，父母为了小孩应该累积功德。他们能读经，诵念佛菩萨圣号，在做这些事时要维持开放、慷慨、慈悲的心态，而且心中清清楚楚、真真诚诚地把功德回向给小孩。

当然不限于读经或诵念圣号，也可以去做义工，从事社会工作或布施，然后把功德回向给小孩。可以做些协助弘扬佛法的工作，这样就能帮助所有的众生，包括自己的孩子在内。

功德回向来自你们的心力，而通过佛菩萨的智慧。如果你们修行得好，具有强大的心力，那么就可以直接集中心力，真诚地用心帮助小孩。小孩长大时，可以开始与他谈论佛法、佛陀和大菩萨。必须在适当的时刻向小孩解释这些观念，让小孩对佛教能有些了解，将来比较好做选择。

你们必须告诉小孩，在美国虽然大多数人遵从基督教的教义和伦理，但还有其他宗教，而你们选择了佛教。必须了解，你们并不是强迫小孩接受佛教，也不是强迫小孩皈依三宝，而是在告诉他存在着这些其他的选择，以及你们自己的选择是什么，如此而已。

到了七岁时，如果小孩愿意接受三宝，就可以带他去皈依三宝。传统就是如此，但七岁还算年幼，小孩可能不清楚佛法是什么。如果他们后来改变心意，也没关系，不该让小孩觉得如果后来选择不接受佛法，或选择另一个宗教，就像犯了罪一样。接受另一个宗教也是很好的。

身为父母的你们可以向子女讲述其他宗教的故事。除了佛教和禅的故事之外，跟他们讲《圣经》或其他宗教的故事也无妨。带小孩到其他的教会也是件好事，也可以到你们原来信仰的教会，让他们接触不同的信仰、习俗、观念。在这种情况下，你们可能大都会前往佛寺，因此小孩会熟悉佛教。不要让小孩长大时敌视其他宗教，那会是不幸的，尤其若是因为缺乏机会接触其他的信仰。

另外，很重要的是，不要告诉子女对宗教应该如何，而是向他们解释你们所做的，以及你们为什么这么做。比方说，向他们解释你们为什么打坐，而不是强迫他们打坐。身为佛教徒的我们，希望众生能接触并接受佛法。当然你们希望小孩得到佛法的利益，但不该以强迫的方式。

我了解许多人放弃其他宗教改信佛教，是出于自己的意愿，没有人强迫他们。他们也许认为，所有的人都该以同样的方式来接触并接受佛法。父母也许会觉得："我们是由于自己的业力和因缘发现佛法的，所以应该让小孩有同样的自由。如果他们自己发现佛法，那很好，但我们丝毫不会介入。"这并不是正确的态度。

很少人是自己决定、选择自己的道路的。大多数人都是受到别人的影响，随着别人的话去做。因此，小孩长大时，很重要的就是要向他们解释：佛教是什么？为什么你们遵循佛法？佛教和其他宗教有何异同？

切记，四弘誓愿的第一条是"众生无边誓愿度"，而子女就是众生。什么是最好的方式呢？除了提供小孩基本的照顾之外——食物、庇护、关爱、良好的教育、协助他们成为社会上有用的一分子，也该关切子女的心理状态。你们能告诉子女如何拥有心灵的平静吗？能帮助他们了解并接受三宝吗？能介绍他们修行的方法，并以此帮助他们吗？如果能做到这些，那么就已经做到分内的事了。

我们居住的是一个匆匆忙忙、异质多元、变化不断的社会，连成人都会觉得混淆。不要告诉子女做什么、不做什么，而是向他们解释你们在特定的情况下是怎么做的，以及你们为什么这么做，别人又为什么那么做。不要为子女下判断，只要试着帮助他们去了解。如果能做到这一点，那么子女以你们为榜样，很可能小孩会自己就转向佛法。最好在小孩十四五岁之前做这些事。如果开始得早，小孩很容易就对佛教产生信仰。但如果等到十四五岁之后，小孩就很难发展出同样的信仰。此外，这个年纪的小孩开始会反叛，因此最好在叛逆期开始之前，就已经教小孩这些事情。

其实，转向佛法的成人并不寻常。他们转向佛教的原因不一，但通常是因为从前的信仰有所欠缺，而接触佛法时，觉得受到佛法的吸引。这是以往善业的结果，也是理性、有意识的选择。然而，大多数人并未改变信仰。

如果子女成年时，还没有让他们对佛法产生兴趣，很可能就永远办不到了，因为那时他们都已经独立了。因此，教导子女佛法应该在十四岁之前。

你们的目标并不是要子女接受佛法，而是灌输对于人们和众生的责任感、灌输道德原则和面对人生的勇气。子女具备适当的道德，就不会说出、做出伤害自己或别人身心的事；具备适当的勇气，子女就会全力以赴，接受任何后果，也会接受三世因果的观念。把重点集中在这些事情上。至于子女将来会变成什么样的人，会接受什么宗教、走上什么路，那终究要看他们，而不是由你们来决定（译按：上两段见于第一版，不见于第二版）。

问：师父，你先前说过，父母应该告诉子女佛教和禅的故事。但这些故事中有些很古怪，对于那些不修行或不熟悉禅的人来说，这些故事很容易被误解。请问应该如何处理?

师: 不要碰那些古怪的故事。许多故事并不是那么奇怪，而且容易了解，告诉子女这些故事，把那些古怪的故事留给修行者。

问: 这是个假设的情况：如果一个十几岁的男孩对父母说：“我决定出家做和尚，全心全力投入修行。”父母该如何处理这种情况?

师: 我十二岁出家，许多过去和现在的法师都是很年轻就出家。十几岁的小孩有这种想法，并不是完全不合理。如果发生这种情况，父母应该问小孩为什么?如果理由很奇怪，那就不是很妥当。如果理由很正当，那很好。而且，如果根本没有理由，只是有很强烈的出家心意，那也可以接受。我的情况就是如此。

其实，目前的社会对于受教育有些规定。最好的方式就是让小孩先完成中学教育，同时他们可以去寺院或禅中心，在法师的指导下开始修行。如果在受完学校教育后依然感兴趣，就该上佛学院。这样，孩子就能逐渐学到佛教和修行的事，比较了解出家是不是他们的志向。

问: 教导子女佛法，父母的责任或义务有多重大?

师: 应该和你们对自己的义务一样重大。孩子刚开始时什么都不知道，你们必须提供信息和知识。这就像食物一样，有些小孩很挑食，拣这嫌那的，有些小孩给他们什么就吃什么。教学也是一样，先了解小孩的状况，他们愿意接纳多少就给多少，但不要强迫。

问: 我从小是天主教徒，我的教养包括一天要念几次《圣母圣咏》，背诵祈祷文，阅读有关上帝和耶稣的故事。自己身为佛教徒父亲，要让小孩同样学习类似的东西吗？比方说，唱诵、礼佛等？我该要小孩打坐吗？

师：愈少形式愈好。在东方，许多父母要全家早起，焚香礼佛，三餐、出门、临睡前重复相同的过程。这可能太过了些。佛教的仪式可能和其他宗教一样繁复。

形式不是那么重要。我们应该强调在日常生活中维持佛教的精神，培养慈悲观，在这方面不断教导他们，比方说，不虐待小动物，试着帮助所有的生物。告诉他们，这就是慈悲。

教他们不要浪费；告诉他们，不管我们拥有什么，都来自以往的业。如果我们浪费，就等于消耗以往累积的功德。父母要以身作则不浪费。教小孩打坐也是不错的主意，但必须了解小孩很难坐着不动。如果他们有兴趣，就教他们如何打坐，一次试个五分钟。如果他们愿意继续坐，那很好。如果他们要起来玩耍或做其他事，那也很好（译按：上两段见于第一版，不见于第二版）。

问：似乎小孩年幼时比较开放，但社会和教育都限制而不是提升他们的开放性。对小孩来说，可不可以让他们摆脱那个过程，在他们依然开放、具有弹性时，协助他们在灵修的道路上有长足的进步？举一个奇怪的假设情况：如果禅师能养小孩，让他们摆脱任何文化的制约，小孩会不会在修行上进步得很快？

师：你忘了众生都有自己的业根。父母、禅师或任何人都不能有意地培养小孩，使小孩自动成为彻悟的人，那都要看各人以往的业，而业是无始以来所累积的。此外，禅师忙得很，哪有时间养小孩？

老年人与禅修

问：禅修的方法有时很严格。面对初学修行的老年人，你会不会改变技巧来适应他们？再者，你如何面对初学佛法的老年人这个问题？

答：佛陀从一开始出家，乃至于后来开悟，都还是个年轻人。佛陀最初的弟子也大多是年轻人，不过也有一些年长的在家和出家弟子。大迦叶是佛陀最伟大的弟子之一，也是禅宗的初祖，出家时已是老人；另一位名叫苏达多的在家大修行者（编按：即建立祇树给孤独园的给孤独长者），接触到佛陀的教诲时也已经是老人了。

就在佛陀涅槃之前，一位名叫须跋陀罗的弟子想要见佛陀，听他开示。须跋陀罗那时已经年逾八十了，心知自己和佛陀的时间都不多了。佛陀的一些弟子想把他打发走，便说："你已经这么老了，开示对你有什么用呢？佛陀的时间宝贵，不该浪费在像你这样的人身上。"

佛陀听到了，就要弟子让须跋陀罗进来，说：“就是因为他年纪这么大了，所以更该听这些话。”须跋陀罗于是与众人一起听佛陀开示，只听了几句，就证得阿罗汉果。他是佛陀在世时所接收的最后一位出家人。

禅宗的赵州和尚（778 至 897 年）以“狗子有无佛性”的公案闻名，十八岁时初次体验开悟，之后追随许多禅师修行，提升他的成就，但一直到八十多岁自己才成为禅师，开始收授弟子。

佛教不以年龄大小来区分，业力在任何时刻都可能成熟。如果一个人想要修行，不管年纪多大，都应该立刻认真修行。对年长的人更为急切，因为他可以修行的时间少得多。

当然会有一些身体上的差别。通常，年轻人的耐力、体力、精力比较好；老年人则因年老力衰，在修行的体力方面比较弱。

然而，年轻人也有不利的地方。他们经常受到环境中的许多事物吸引，通常野心勃勃，想要有所成就，因此精力更易分散。一般说来，老年人通常不那么有野心，也不那么容易被世事所吸引。他们更稳定，可能比较容易专心一意于修行。

问：以往修习佛法，但现在年纪大了的人呢？他们的修行方法该不该有所不同？

答：修行的人年纪大时，修行应该变得更稳定。年轻时可能有很多事情使他们分心，有时得放下修行去照顾其他事，使得修行不能连贯。如果根基稳固，修行就会更为稳定，障碍更少，而老年人更不会偏离修行。

当然，这些是概括的说法。有些人年纪大时情况改变，比方说生病或虚弱，更难修行。另一方面，有些人年纪愈大精神愈好、兴致愈高。环境也可能改变，阻碍修行。如果退休的人一直把修习佛法当成嗜好，退休之后可能还是把修行当成是次要的，而把时间用在新的、优先的兴趣上。当然，也可能有人把修行当成第一优先。

有些人可能打一开始就对佛法持着错误的看法，认为修行一定要有某种体验。这些人的佛法根基不佳，等到年纪渐长时，可能认为："这是年轻人的事。我还没有任何体验，现在年纪一大把了还寻求体验，真荒唐。"切记，修行不限于这一生，而是生生世世，直到成佛。甚至成佛之后，还要一直用功，利益自己的修行，利益众生。佛陀开悟之后继续修行了四十年，认真用功，帮助众生。

问：修行的适当态度不正是要把修行当成过程，而不要有任何目的？打坐本身便很值得。换句话说，打坐的目的就是打坐。

答：正是。我们在过去的大修行者身上看到这一点，他们中没有一个在修行时抱着想要体验某种事情的态度，只管修行。人们从来不知道什么时候业障会消失。一个人可能修行几十年而不觉得业障除去了。其他人，像须跋陀罗，只须听几句话业障就消失了。这种事无法预测，因此应该只管修行。

问：那么，年长的人对于佛教和修行应该抱持什么态度？

答：没有固定的方法和答案。有些人年纪渐长，但精力维持不衰，甚至更健旺；有些人愈来愈衰弱；有些人一向都衰弱。我们不该以年纪来区别，而是看个别情况而定。

一位 78 岁的男士参加我在台湾主持的禅七，他认为自己的健康情况良好。我要他放松，但他坚持参加所有的活动，和别人一样努力用功。后来，他坦承禅七很辛苦，我就要他改用“生起惭愧心”的方法，也就是说，留意自己身为人的弱点，觉知自我的虚幻。这个人遵从我的指点后，情况就改变了，不再尝试和年轻的修行者竞争。他把两腿放下，以安稳的方式一坐几个小时——没有痛苦，也没有压力。在清楚觉知自己的虚妄之后，他痛哭失声，之后身体就不再成为障碍了。后来，他来找我，疲倦地告诉我说，他觉得已经达到原先的目标，禅七对他来说已经结束了。我同意他的看法，就让他回家了。

相反的，有位年轻一点的女士健康情况不佳，但要参加禅七。第一次我拒绝了，但第二次时，她说服我说自己的健康改善了，于是我允许她来参加，不久发现她的情况很糟。我就告诉她，想做什么就做什么：走动、打坐或要起床时就起床、要休息时就休息。她感到失望，但还是遵照我的指示。过不多时，她的惭愧心自动生起。第四天，她的惭愧心很强，就打了半天的坐。下午，她来找我，形貌有了很大的改变，原先苍白、病恹恹的，没有精神，面带忧容；现在则面孔明亮、开朗，充满生气。她说：“我觉得自己通过了考验。”我回答说：“是的，你通过了，你的禅七已经结束，现在可以回家了。”

我说这两个故事，显示年轻的修行者和年长的修行者之间没有清楚的分别，全看个人和因缘。

我们一直都在谈禅七。那么日常生活呢？同样的，也没有差别。这是心理的问题，不是生理的问题。应该按照自己的健康和活力的情况来修行，而不是按照年纪。只要不懈怠，不被其他兴趣分心，修行应该是随着年纪而长进。

即使人们从事其他活动，也应该绝不搁下修行；不该因为太投入其他事情，而忘了修行和佛法。如果他们的心稳定在这方面，修行就会进步。

一般说来，为什么我们比较强调训练年轻人修习佛法，强调努力、用功修行？那是因为年轻人比较容易散乱、分心。严格的修行使他们忙碌，帮助他们更能规范、集中精力。

到头来，身体的脆弱只是另一种障碍。日本两位最伟大的禅师——道元和白隐（1689 至 1769 年），健康情况都不好。道元长年有肺病，五十多岁便圆寂。白隐的身体也不好，但像道元一样成为伟大的修行者。因此，显然不管年纪、健康或身体情况如何，都能修行。

佛教与财富

问：物质上的成功和利益，对修行有害还是有利？

师：物质上的财富并不是问题，重要的是人对财富的态度以及处理的方式。《圣经》上说，骆驼穿针眼比富人进天堂的大门还容易。佛经没有这类的说法。相反的，有许多例子指出，有钱有势的人也可以是很好的修行者。在释迦牟尼佛的时代，许多有钱人大力护持佛陀。一些有钱人，不管是男是女，都是护法者和很好的修行者，其中有些还证得声闻乘的三果，也就是说，此生之后不再生于欲界。他们之所以没有达到四果，是因为没有发誓出家，但他们对物质财富抱持着正确的态度。

从佛教的观点来看，对于财富的正确理解就是：世上的每一件东西都属于你，而同时也没有一件东西属于你。某些东西在常人看来是属于你的，但那只是你的业果，你只不过暂时拥有这些东西，而且有义务善加处理。从宏观的角度来看，可以说整个地球都是众生所有，但不是要让我们拥有和滥用，而是要让我们照顾、尊敬并传给后代。

具有正确态度的有钱人，有利于护持佛法，因为他们能善用自己的财产。释迦牟尼佛曾经待在几位富人家中，包括国王的宫中，接受供养，而他自己也是王室的一分子。

如果你有钱，而且接受财富属于众生的观念，也许会认为："我要把所有的钱送给身边需要它的人。"但这么做并不是正确的方式，因为可能是浪费，这种决定应该伴随着良好的判断。有智慧的人知道如何善用自己的财产，其他人则不知道。具有智慧和财富的人，有计划地处理财富，并遵循既定的原则。有智慧的人，才能适当处理财富（译按：此段以下部分见于第一版，不见于第二版）。这也适用于寺院。虽然许多出家人可能住在寺院里，但住持并不觉得必须提供他们一切。出家人进入寺院时，随身带来一些物质和技能，这些财产其实是各人的业果。然而，住持不鼓励出家人随心所欲地拥有或使用任何东西，即使他们的财产是个人业力的结果，这些人可能不知道如何善加利用，反而造成浪费。

兼具智慧和财富的人，不会随随便便处置财富。有钱人继续有钱也是件好事，佛教不主张贫穷或共产。另一方面，佛教徒不应该说："我所拥有的一切绝对属于我个人，我会运用各种手段来保护自己的财产。"佛教鼓励人们布施，帮助他人。在严格的资本主义中，人们尽可能累积财富，这种想法不符合佛法，而且很具毁灭性。

其他对于财富的态度可能也是有害的，像是把财富当成个人安全的保障，或成功、成就与地位的象征，抱持这种态度的人会尽可能累积财富：如果他们有一千元，就想要有一万元；如果有一万元，就想要有一百万元。他们会想为自己和子孙后代累积财富，希望子孙不但能维持他们的财富，而且继续增加。他们一直想以各种方式来增长财富，担心失去已经拥有的。他们心中有这么多事，就很少有时间做其他事，尤其是灵修。

再说，这种人有一种很深的观念，认为钱是很难赚的，因此不愿施舍他人。对任何事情抱着累积的心态，这是和修行南辕北辙的。相反的态度就是对财产不在意、不经心，那也与修行相反，是不负责任的。佛经鼓励人们善用自己拥有的，但在一无所有时也能泰然自若。不应该太依赖自己的财富，也不该把所有的快乐建立在财富上，而该学着在任何情况下都能心满意足。

有个关于著名的禅修者庞居士的故事。据说他很富有，在开悟后把家里所有的金银财宝装到船上，丢到河里。他和家人后来连住的房子都没有，靠着贩制篮子为生。有人问："你为什么不把金银财宝送给需要的人呢？"庞居士回答说："我不要害任何人。如果给人财富，他们很可能造下许多恶业。相反的，如果你要他们修行，他们就会得到真正的财富。"这个故事很可能是捏造出来的，却有个很好的意旨：最好能清心寡欲，生活得简简单单、心满意足。

如果在物质上很富有，很可能就增加了责任。累积和处理财富需要时间、精力，修行的时间也就更少了。然而，如果把自己看成只是守护财富，而财富其实属于众生，就可以修行得很好，那时会以无执著心、无得失心来看待、使用财富。

不需要害怕拥有或累积财富，但也不该沉溺于财富所带来的欢乐。应该有节制地使用自己拥有的，帮助那些需要的人，护持佛法僧三宝。

开悟持久吗

问：有些已经见性的人说，他们还是有烦恼。见性有没有持久的效应，还是说它的利益终会消退，使修行者回到原先的起点？

师：见性是见到空性，见到无物可执，证悟《金刚经》所描述的四相（我相、人相、众生相、寿者相）皆空，证悟常、乐、我、净都是错误颠倒的看法。

对于众生而言，不管是不是修行者，这四种看法都是常见的执著。人们希望永恒，相信有一个永恒不变的自我——不管是以天堂或来生的形式出现。他们相信那种境界会是永远幸福的，但他们以自己的经验来定义幸福，那本身就是一种执著。他们相信这种境界——不变的自我享受永生的幸福——是纯净的，没有痛苦或污染的。然而，人们谈到纯不纯净时，通常是从欲界的生理享受的角度来说的。

大多数人，包括精进的修行者，都抱持这四种颠倒的看法。具有这种执著的人，没有真正见到自性。大乘佛教的基本原则就是：没有什么是恒常或绝对的；没有永恒的自我，没有绝对的幸福或纯净。这在《心经》和《金刚经》里说得很清楚。永恒与无常、自我与他人、快乐与痛苦、纯净与不净，了无差别。如果在修行中依然执著于任何这些颠倒的看法，就没有真正体验到见性，至少不是深刻的见性。

也许有人认为，没有见性这回事，或者不可能体验到见性。其实，见性是肯定可能的事，但要看修行者和提供指导的禅师。如果禅师严守禅的大门，一再拒修行者于门外，告诉他们还没有入门，那么修行者在某个时刻会不再有期盼，不再渴求开悟，只是精进修行。在这种情况下，修行者反而更可能体验到真正的见性。但体验之后又如何呢？体验到见性时，并没有见到任何东西或得到任何东西。你证悟到现在见到的东西和过去见到的东西完全一样，只是其中没有了自我。

如果有好禅师在场，只要问几个问题就能断定那个见性的体验是真是假。然而，功力较差的禅师可能被骗。在大多数情况下，这种经验不是真的，而是在修行中生起的心理、生理反应。

我必须再次强调，必须要很好的禅师才能断定那个体验的真假。

至于烦恼，并不是在体验到见性之后便会消失，而会像以往一样继续现前，差别在于：真正见性之后，会更觉知自己的烦恼——知道烦恼什么时候要生起；处于烦恼中时，很清楚知道自己的情况。仿佛有人站在一旁，一直守望，一直警觉。

没有见性的人经常发现自己埋在烦恼中，会抱怨自己的困境。然而见性的人不会有这种问题，他们会察觉烦恼生起，烦恼也不会很大。就这个意义而言，体验到见性的人要比没有见性的人好得多。

问：没有见到本性，不是也可能见到烦恼生起，并且知道自己在烦恼中?

师：这不一样。没有见到本性的人，不会清楚察觉自己的烦恼。他们也许能看出明显的烦恼，但不会察觉更细微的烦恼，见性的人则能看出任何有自我执著的东西，这是一种立即、直接的察觉。没有体验过见性的人可能看得出大烦恼，但那是经过理性的过程，而不是直接的察觉。

有时人相信自己已经见到本性，他们甚至可能指导他人修行，相信自己现在是老师或禅师了，但在生活中却继续沉溺于欲望或常犯戒。其他人也许会问："禅师，如果你知道这些是坏习惯，为什么要继续呢?"

他们也许会回答："是的，我有这些习惯，但我开悟了，不执著于它们。"他们知道一些我们不知道的东西吗?

真正见性的人可能有很多欲望，但在欲望掌握他们之前，就知道发生了什么事，并且自我节制。

有些人觉得见性之后自己的烦恼还是和以前一样多，觉得以往的努力不值得。这些人误解了见性。见性未必能消除烦恼，只是使人更察觉到自己烦恼之所在。打个比方，有人在寻找一座山，但这座山隐藏在云层和黑暗中。突然云开雾散，光明绽放，山就出现了。这个人高兴自己见到山了，但山还是在远处，还要下很大的功夫才能到达。见到山就像见到自己的本性，有些人没有太多的修行就见到山了，但要到达峰顶还需要很大的努力。

有些人长久认真修行，但从来没见过山，不知道自己已经很靠近山，甚至已经在山脚下了。这时只要稍加点拨或指导，他们会突然知道自己已经到达了，这等于是深悟。这种情况很罕见，但显示开悟有很多的层次。

见山，即使只是遥遥在望，都是好的。具有这种见识的人，会更有信心修行。他们会了解什么是烦恼，什么是无我。他们的了解不是来自知性，而是来自直接的察觉。

必须修行多久才能见性，这并没有定则；见性的效果能持续多久，也没有定则。如果长期修行，效果可能会持久一些，也就是说，烦恼不会生起，无我感会持续。但见性的体验可能很短，如同电光石火，效果也很短。用前面的山的比喻，并不是云散山现，而是像闪电瞬间照亮、显现山的存在，然后就消失，而行人再度陷入黑暗。但至少他已经见到山了。

开悟的经验可深可浅，全看个人的业力和修行的功夫。见性和开悟之间的关系如何？第一次开悟的经验称为“见到自性”，但接下来的开悟经验则不能这么说，而是一次比一次深的悟境，因此曹洞宗描述了五种不同成就的层次。

再者，明朝以来临济宗便提到“三关”。第一个是“初关”，相当于第一次见到本性。第二个是“重关”，在这个阶段一悟再悟，逐渐减轻烦恼，显露智慧，无我的体验每次加长。第三个是“牢关”，相当于彻悟，摆脱轮回的牢笼，超越生死的循环。这时仿佛万物消失，宇宙和自我完全消失。据说，这时候甚至掌管生死的阎罗王都找不到你。如果自我和执著又回来，那就不是彻悟。只要有自我，阎罗王就找得到你。

其实不须那么在意见性，把重点放在只管修行就好。不要浪费时间幻想“终极经验”。另一方面，见性是不容易的，因此修行时不要偷懒懈怠。

要提防那些动不动就肯定所谓开悟经验的禅师。有时禅师会印证错误；不但现在如此，其实从明朝以来便经常发生这种事，因此，从那时起就有“冬瓜印”的说法，恰切地形容这种错误的印证。禅师印证开悟时，就像给法印，印章应该由坚石或玉石等持久的材质做成，但冬瓜做的印却脆弱短暂。

不当的印证反映了禅师缺乏技能和见解。也许禅师自己没有见到本性，也许他们只是平庸的修行者，依然有着很多的烦恼。执著对禅师有负面的影响，可能使他们认可一些并不是真正的开悟经验。也许他们野心勃勃，想要有更多的徒弟，好扩大自己在佛教圈的势力，增加更多的法嗣。这种禅师用的是冬瓜印，或更糟糕的，用的是“豆腐印”。其实，禅师有多少弟子无关紧要，即使只有少数几个认真投入的修行者也就够了。如果禅师没有法嗣，只是意味法脉要终结，那也没什么大不了的。禅宗的初祖菩提达摩总共就只有三男一女四个弟子。

以往，错误印可的禅师会受到严厉的批评，被称为“弱将”。“强将”严于把关，不许任何人溜过，不受贿赂，不轻易受骗，只有强者才能过关。相反的，弱将把关不牢，警觉不够。

错误印可是不幸的，尤其对修行者不好。修行者如果认为自己已经见性，就不容易进步；而且，如果他们发现自己的体验不是真的，可能会对佛法失去信心。

问：见性的人会不会因为更能察觉自己的烦恼，而觉得更糟？在体验见性之前，他们不知道自己的烦恼，反而没有什么好难过的。

师：不是这样子。如果察觉到自己的烦恼，接下来便比较不执著于烦恼。察觉到烦恼，意味着了解自己身为凡夫的处境。因为了解众生有烦恼是自然的事，就不会为自己的烦恼而难过。

问：见性的人是不是更能控制自己和烦恼？

师：我们只能说，见性的人对于自己和修行更有信心。他们知道有烦恼对众生来说是正常的，但他们有信心，知道通过修行，烦恼就会减轻、消失。

问："坏"禅师是明知故犯、有心骗人，还是真正认为自己是好禅师？

师：两种情况都有可能。有些人即使不是好禅师，却真的相信自己是好禅师；也有些人明知自己平庸，却为了名利继续骗人。

问：要用什么标准或谁的判断来决定某位禅师是好是坏？

师：有时很明显。比方说，如果禅师因为弟子捐钱而肯定其开悟，因为弟子没捐钱而否定其开悟，那就很明显。然而，通常的情况更微妙（译按：此段见于第一版，不见于第二版）。

有时，这种情况显现于双重标准：禅师教的是一套，但修行和生活则是另一套。如果禅师有时显现一些坏习惯，只要他们知道自己的行为不当，那就不是很严重。毕竟他们还是平凡的众生。但是，如果禅师说："这就是禅师的方式。"或"我是菩萨，所以我能以这种方式来帮助人。"那就另当别论了。如果禅师偏好某些修行者，那也不是好现象。禅师应该平等对待所有的人，虽然不见得是以完全相同的方式。

然而，也要留意另一种情况。如果修行者从一个禅修中心换到另一个禅修中心，是为了找禅师的缺点，只是为了让自己说："这一个不好，那一个不好。"这种行为也是错误的。斤斤计较于禅师的优点与缺点，不是好态度，只是浪费时间与精神。

第三篇

附　录

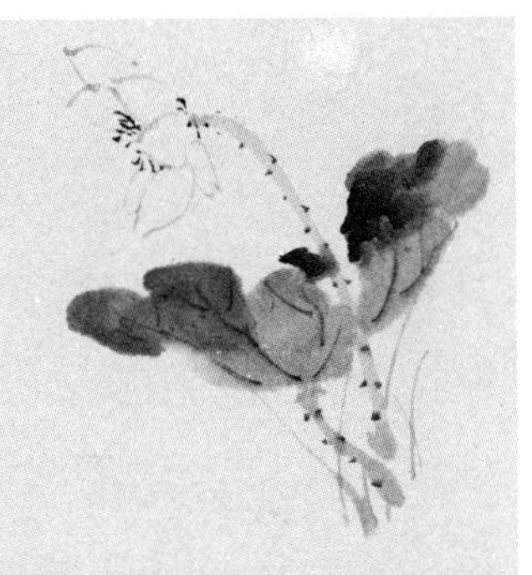

在佛陀的时代，人们以两种方式成为信徒：一是皈依佛、法、僧三宝；一是对佛陀表示礼貌、敬意，礼貌包括了仪式的姿势或动作，敬意则主要是心态。

礼　佛

问：请师父开示禅宗礼佛的方式及意义。礼佛时应该抱着什么态度？你有时说要以忏悔心来礼佛，有时又说礼佛时要觉知身体的动作，有时又说要以感恩心来礼佛。你也说到不同的礼佛方式，以及经由礼佛的修行可能得到的不同层次的成就。

师：礼拜是很古老的行为，在二千五百年前佛陀出现时，老早就存在于古印度。当时在印度，宗教是主宰的力量，在人们与神祇、灵界之间存在着许多互动的模式，礼拜就是其中之一。

人们站着或坐着时，头向上、双眼向前。礼拜时，是以象征的方式把自己的头置于礼拜对象的脚部，翻上的双掌象征承接对方的双脚。头是身体最高的部位，脚是身体最低的部位，因此礼拜者是以自己身体最尊贵的部位去接触对方最卑下的部位。在这种姿势中，更容易从心中生起谦卑、不足、不完美之感。

在这种姿势和心态中，我执会减轻，心灵会更澄明，问题更形清楚、更快消失。这种感觉生起时，人们也更容易与神祇接触。神祇是不是真正存在，反而不是那么重要。然而，我们还是不能说宗教只是迷信，或否认灵界的存在。的确有其他领域的存在，而我们也的确与这些领域的生灵互动，不管我们知不知道。单凭这一点，礼拜就很有用，这是超越我们人类限制、接触灵界的一种方式。

在佛陀的时代，人们以两种方式成为信徒：一是皈依佛、法、僧三宝；一是对佛陀表示礼貌、敬意，礼貌包括了仪式的姿势或动作，敬意则主要是心态。

皈依或感恩三宝，是大多数佛教徒都熟悉的象征行为。那是以两种不同的方式，经由礼貌和敬意表达出来：一是供养，一是通过仪式。表示敬意的仪式很多，最简单的就是合掌、凝视指尖、鞠躬，更复杂的姿势则是礼拜。

礼拜主要有两种方式：一种是以膝盖、手肘、额头接触地面，双手伸前、翻掌，这是我们一般常见的方式；另一种是以全身的正面伸展、接触地面。弯腰礼拜时，头部和身体必须维持一直线，否则可能会头痛。

问：供养是什么意思？

师：就像字面上的意义，把自己的东西提供给三宝，尽自己所能地去做。如果经济情况许可，供养可以包括金钱。但金钱不是唯一的供养方式，可以供养清水、食物、鲜花，也可以提供服务。切记，重要的是心意和动机。

礼拜就像以身体来供养。根据经典，有六种修行方式：读经、抄经、礼拜、供养、忏悔、说法。打坐是比较特别的修行方式。古代人们修法时，总是由这六种修行方式开始。

打坐时，许多人遇到身体和心理的障碍，那是业力现前。他们也许会抱怨自己不是昏沉，就是散乱，甚至不能长时间读经：如果诵读，就会疲倦；如果默读，心就会散乱。这时，礼拜就是很好的修行方式。

佛教中很强调礼貌、敬意、忏悔，尤其对打坐有困难的人更是如此。忏悔礼拜经常很有用。在西藏的 Vajrayana 传统，刚开始修行的人以四前行开始，第一个前行就是礼拜十万次。完成时，生理、心理状况都已改变，打坐也就容易得多。

中国从宋朝起，尤其是天台宗，鼓励礼拜修行，汇集了许多不同的程序供人来做忏悔，其中之一是法华忏，其他仪式根据的是其他经典。对大多数人来说，修行很难达到三昧，因此忏悔礼拜很重要且有用。

我已经解释了礼拜中不同的动作。此外，礼拜可快可慢；可以在佛像前或心中默想三宝，也可以不要这些；可以只是清楚知道自己的动作。礼拜时觉知自己的动作，最终是要忘记自己的身心——在本质上消失——让礼拜自己进行。

礼拜时把心集中在动作上，可达到四个层次的专注。第一个层次是指挥动作时，注意身上每一个动作、每一个细节。第二个层次是不注意所有的细节，但知道自己在指挥动作。第三个层次是不指挥身体，也不认为身体是自己的，但还是看它在礼拜。第四个层次是不知道身体或动作，但继续礼拜。在第四个层次时就进入了三昧。其实，第四个层次又分为两种：一种是静止不动，不管是静止在向上或向下的动作。这时身心分离，以致无法移动，但这不是真正的三昧；

更好的一种是即使心不动，但身体继续礼拜，这才是真正的三昧。

三昧的层次不易达到。在禅中心这里，我只看到少数人达到第四个层次的第一种，也看到一些人达到第三个层次，他们说这时看自己礼拜就像看别人一样。

到目前为止，我谈的是慢动作的礼拜。即使在慢慢礼拜时，可能还会有许多妄念。如果无法使念头静下来，可以尝试快动作礼拜，通常可以减少妄念，尤其配合念佛时更是如此。

我至少教过四种拜佛的方式：恭敬拜佛、感恩拜佛、忏悔拜佛、三昧拜佛。关于前三种拜佛方式，不能一边拜佛，一边长时间维持那种心态。可以用感恩心拜佛一段时间，但那种念头会减弱、消失。恭敬拜佛、忏悔拜佛也是一样。

忏悔拜佛在礼拜前后通常包括了某种诵唱，这种诵唱表示忏悔之情，但主要部分还是拜佛。在礼拜时，不要控诉、指责自己，也不要陷入自怜，心里不要有这些感情。一旦忏悔，就把心情搁下，专心拜佛。

问：若把忏悔搁下，不就成了三昧拜佛？

师：二者有所不同。首先，忏悔礼拜在拜佛前后都有诵唱。再者，在这种拜佛中，每一拜时口中都要念不同的佛菩萨名号。因为加上念圣号，所以不可能进入三昧。然而，这种方式礼拜久了，心会静下来，打坐也就更容易。

也有人在忏悔拜佛时不加上诵唱，但通常会有一个模式。比方说，每天以忏悔心行五百拜。然而，这也不表示他们是在强迫忏悔，而只是提醒自己要进行的是忏悔拜佛。这种方式很有用，我当小和尚时就曾做过这种礼拜，过了一段时日得到特殊的感应，头部觉得清凉，后来心里就清净了。我做这些礼拜是因为师父告诉我，如果要变聪明，就要拜观音菩萨。我怕师父赶我走，所以每天五百拜。过了一阵子，我再拜时就不再存着想得到任何东西的念头，而纯粹只是觉得那是件好事、对事。我只是以忏悔心来拜佛，后来心就清净了。

问：你会不会推荐每周一两次以拜佛来代替打坐？

师：如果拜佛成为你修行的一部分，那很好，但不该代替打坐，而是除了打坐之外还要拜佛。但如果你尝试打坐，却觉得身心很不舒服，那时可以改为拜佛。

问：在禅七时，有时你说我们应该反省自己不完美的地方，然后忘掉它们，专心于拜佛的动作。这么做的目的何在？

师：当我要你们礼拜时，有时要你们反省自己不足之处，有时要你们以感恩三宝的心来礼拜，目的是为了唤起你们内在的忏悔或感恩之情。有这种感情时，心比较容易平稳下来，气也比较和缓，有利于打坐。

问：很难知道正确的做法。在禅七时，我发现自己强要唤起忏悔和感恩之情。我不确定是应该把全副注意力放在这上面，还是只在开始时轻松念着它，然后搁下，只集中在动作上。我搞不清楚，因而变得很紧张。

师：如果能升起忏悔或感恩之情，那很好。如果不能真切地感受到，只要念着它，接着把它搁下，只专心于自己的动作，不要勉强。

有些人在禅七拜佛时，想要落泪，想要懊悔痛哭。如果没有，就问我为什么不让他们哭？这与我无关。所以我告诉他们，不是还不到他们哭泣的时候，就是他们不是会哭的那种人。

问：顶礼法师呢？在禅七中，小参之前和不同仪式中，我们都顶礼师父。再者，有些人在欢迎法师和出家众时也向他们顶礼。我想这是东方的传统，但许多西方人觉得这种方式很不自在。在这种情况下，应该抱持什么态度？

师：我们以顶礼向三宝致敬：向三世诸佛顶礼，因为诸佛把法带到世间；向法顶礼，因为这是佛陀的教诲；向僧伽顶礼，因为僧团代表了佛陀的教诲，是三宝的具体表现。

因此，如果向僧侣顶礼，内心的态度应该是向三宝致敬，因为僧侣代表三宝，而不是崇拜他个人。同样的，僧侣在别人向他顶礼时，不该觉得自己有什么特殊，而应该视自己为佛像。

在家人如果在非正式的场合遇到僧侣、法师，可以不顶礼，但如果愿意的话也可以。有些特别的情况，比方说在禅七时，顶礼成为修行和每日仪式的一部分，在早课后向法师顶礼，感恩他的开示，是通行的作法。这是中国佛教的传统，这个传统会不会在西方继续，就看因缘了。

僧侣在特殊场合彼此顶礼，或者在初次见面、长期不见之后，彼此顶礼。如果每天见面，则不必顶礼。再者，如果僧侣每天看见师父，也不必顶礼。然而修行上有重要问题请教时，应该顶礼师父，其他时候问讯就够了（译按：本章原为第一版第十二章，不见于第二版）。

梦

问：每个人都会做梦，有些梦似乎比其他梦更有意义、更真实。佛教有没有谈到不同层次的梦？比如我读到大慧宗杲禅师的书信中提到，有一个人梦到大慧进入他的房间，后来大慧回答说，他真的在那里。你也说过，如果有人想到或梦到你，而且真的如此相信，那么你就在那里。另一方面，佛教说一切事情都是虚幻。请你就这个主题开示。

师：大乘经典说，如果以大信心来修行、研习佛法，就有可能梦到佛菩萨和佛的世界，这些梦可能是真的。也有一些大师、祖师的记录中提到，在他们修行的过程中，曾梦见有人告诉他们应该到何处寻找老师。

关于古代禅师和梦的故事有很多。有一位禅师想要去看一块农地，那块地属于另一个地方的禅寺。第二天早上，他没告诉任何人就去了；抵达时，该寺的和尚已准备好饭菜等着他。禅师问，怎么知道他要来？和尚回答说，是前一天晚上土地公告诉他的，因此早做准备。禅师回答说，那么应该供养土地公，而不是供养他。在这个情况中，梦显然是真的。

另一个故事是有关虚云老和尚（1840 至 1959 年）的。有一次他梦到自己来到弥勒佛的兜率天，在那里遇到了老朋友及同代的祖师。他说他想留下来，但弥勒佛告诉他，他今生的业未了，必须回到世间。

唯识宗说，梦是意识的一种状态。意识通常通过感官展现，但也有独立的意识（编按：又称“独头意识”），并不是由感官所产生。独立的意识有三个层次，一是在梦中，一是在三昧中，一是在疯狂状态中。梦中的独立意识，来自无始以来累积的业。当意识生起时，与感官无关。另一方面，我们不能说它没有外在的现实，因为它来自以往的业，而以往的业是与环境的互动所产生的。

有几篇经论据说是大师们在梦中的状态所写的。比方说，唯识宗的一部重要经论——《瑜珈师地论》，据说就是无著在梦境中写出的。每天晚上他睡觉时，弥勒菩萨就会到梦中，告诉他该写些什么。由于他是唯一做这些梦的人，我们就得相信他的话。

还有一个故事是说，唐朝时，有个犯人在被处决的前夕，梦见有人告诉他，以特别的方式诵念《华严经》一千遍，就可以逃过一劫。醒来后，他就照梦中的话去做，结果要被处决时，钢刀无法砍入，而保住一命。

佛经中谈到的梦的故事，一天一夜也讲不完，显然佛教确实提到梦。从佛法的观点来说，梦可以分为三种，第一种来自烦恼与想像。比方说，来自日常生活中的恐惧，可能以恶梦的方式显现。第二种来自关系密切的人，也许是家人。当某件事发生在他们身上时，你会通过梦多少知道这件事。第三种包括了鬼神、菩萨、诸佛给你的梦，已经发展出某种神通的人，也能使人做特别的梦。

禅认为所有的梦都是虚幻——不管是短梦、长梦、真梦、假梦、生死与再生的梦。我们日常生活的梦，又叫中间状态的梦。我们应该把所有的梦都视为幻觉，否则就会太注意它们，产生恐惧、期盼和其他的感觉，可能障碍我们的修行。

人们做梦时，通常是在睡眠的两个阶段，一个是刚入睡时，心已经逐渐静下来，但还没完全休息。这时的梦几乎总是第一种，也就是白天的烦恼所显现的梦。另一个是经过长时间的深睡后，心已经完全休息了。这时的梦可能与真实情况高度吻合，但未必总是如此。比方说，睡眠很浅或不定的人，他们的心无法沉静到有这种型态的梦。

台湾有位著名佛教徒的母亲，报名参加农禅寺的禅七。她原先无心参加，但有天晚上梦见一座围着高墙的寺院，但她找不到入口。后来她看到一位老和尚做手势要她进去，她不晓得这是什么寺院，也不晓得这位老和尚是谁。过了一段时间，她看报时偶然看到我师父的照片，发现就是梦中的和尚，但那时他已经圆寂多年，而这位女士也从未见过老和尚。当她来到农禅寺时，发现与梦中所见的寺院一模一样。

问：我梦见过你，师父。这种事很少发生，但我梦见你时，梦里非常清晰，醒来时也非常清晰。我写信告诉你有关这么一个梦，你回信说，如果我以真心、信心想到你，而且需要你的指引，你就会在那里。我不知道你的说法只是比喻，还是真有其事?

师：你所描述的梦属于第二种类型，也就是两人之间特殊的感应，这是很容易解释的。当你以信心梦到我，而且需要我的帮助时，你可以从我发的愿中得到力量，但那是由你这个梦者达成的；能这么做的是你的心，我并没有进入你的梦中。我可能醒着，如果我睡了，可能是我自己在做梦。很可能我们并不是做相同的梦，虽然说偶尔有些人会做相同的梦。

然而，有时人们梦到从未见过的人，告诉或指引他们某些事。在台湾，有许多人告诉我，他们之所以来找我，是因为他们梦见我告诉他们来寺院，虽然我们从没见过面。但我告诉他们，他们真的在做梦。这是第三种类型的梦，可能是寺院里的护法神或其他神灵以我的模样出现，指引这些人前来，而不是我。如果我得做那么多事的话，根本就没时间睡觉了。

这些梦大多来自梦者的意识之流，另一个人并没真正出现在梦中，通常都是人们梦见我的情况。然而有弟子告诉我，他梦见已经去世十五年的师父，这个梦很清楚，而且他的师父给他很重要的指示。这究竟是怎么一回事？也许这是弟子的意识之流，但也可能是他师父的心力，虽然他已经过世了。大修行者的灵体在肉体消逝后，还能继续存在很长一段时间。

问：我们是否可能很警醒，以致把修行带入睡眠中而根本不做梦?

师：前面说过，人们之所以有第一种梦，是由于日常生活中的烦恼。比方说，恶梦来自有许多压力、生病、身体不平衡的人。恶梦也可能来自恶业，要靠打坐去除掉这些恶梦是很难的。做梦时，你能控制的范围很小。醒时打坐，也很难控制四处漫游的念头，甚至不知道念头在漫游，一直到这些念头止息为止。那么要在梦中控制这些念头困难得多，是可想而知的。有些人告诉我，他们甚至在睡觉时还继续念佛。我认为那是来自紧张，而不是修行得好。睡觉时要少梦，就必须减少日常生活中的烦恼，必须变得更冷静。如果稳定，心灵平和、开朗，那么梦，尤其是第一个层次的梦，就会消逝。

问：梦见受伤是不正常或危险的吗？

师：我不解梦。有些人说梦中的某些意象有象征意义。但随着地方、时代的不同，每个文化都有自己的象征系统。因此，解梦是靠不住的；我既不解自己的梦，也不解别人的梦。

问：我曾读到一篇文章，有一个人梦见三十年后的自己给他一些忠告。这个人也说，他和太太曾做同样的梦。这有可能吗？

师：当然，这些例子都是可能的，但有意义吗？这些故事大多只是引起人们的好奇心，因为它们很新奇。大多数人既无法控制梦，也无法正确地解梦。我认识一位妇女，她在梦中看见一个怪房间中有一个盖着的棺材。两年后她父亲去世，就摆在同样的房间、同样的棺材里。这是个有趣的故事，但有什么用呢？

我想，你可以把这种梦称为预示，但这位妇女一直到事实发生后，才知道那个梦的意义，根本束手无策。如果她知道梦是有关自己父亲的事，又能怎么办？她既不知道时间、地点，也不知道父亲会如何去世。

身为禅修者，不该执著或太重视梦，因为我们清醒的世界已经够梦幻的了（译按：本章原为第一版第二十八章，不见于第二版）。

安乐死与自杀

问：医学方面的进展已经可能使长期生病的人延长生命，有时甚至是没有任何恢复的希望。即使病人有时表达死亡的意愿，但人们依然用医学科技来维持生命。这已经变成了这个时代日益复杂的道德和法律问题。有关这个问题，你认为佛教的修行者应抱持什么正确的观念？

师：我们必须区分两种情况。第一种情况就是病人还活着，但只限于最基本的生命功能。也就是肉体虽然活着，但没有心理的活动。这种人称为植物人，没有感受或感情，对刺激也没有反应，肉体的生命必须通过打点滴或维生设备来维持、延续。在这种情况下，终止维生设备并不算错，但不该积极介入，比方说，以注射毒药来加速生命的终结。我们必须依然持守不杀生戒，顺其自然。另一方面，人们可以说，这种维生设备的发明，其实也是进化的自然的一部分，因此应该尽可能探求各种的可能性，并充分利用（译按：此段最后一句为列印稿所加）。

另一种情况是病人虽然长期生病受苦，但依然有知觉、感情、思想。这些病人即使表达死亡的意愿，也不该让他们死。理由是他们生命中依然有时间修行。比方说，他们能念佛、祈祷、打坐、拜佛或沉思佛教的经论。人们应该善用每一个可能的机会来修行，希望来生更好，在死亡之前来清理业障。

想死的人通常是有极大的痛苦，这种痛苦可能是肉体的、心理的或感情的。如果医药能减轻他们的痛苦，就该使用。但如果医药不能减轻痛苦，那么受苦的人就该下定决心忍受它，认清自己的情况和痛苦是自己的业果。同样的，他们应该诉诸修行。其他人也可以借着为他们祷告或在旁念佛，来帮助他们，使他们获利。

当然，上面所讲的两种情况之间，无疑也会有灰色地带。比方说，会有一种中间的情况，就是没有感情或心理活动的证据，但还能喂食病人。几乎可以肯定地说，这种情况不能再造业，但如果肉体表示要进食，就该进食。如果没有，那就不需要。

台湾曾经发生一件事，一位女子在十六岁时被车子撞倒，到了四十岁依然躺在病床上。除了在别人喂她时能吃喝之外，对其他事情都没有反应。自然，许多人觉得，如果她的生命终结的话比较好。但无论如何生命依然存在，因此从佛教的观点来看，就不应该终止，虽然让她活下去对家庭是很沉重的负担。如果那个女子依然有感情和感受，就依然能体验到以往的业的结果。因此，她的家庭也能体验到她们的业的结果。业报是无从躲避的，今生不报来生报。

问：如果让她死的话，后果会如何？

师：决定让她死的话，不管是注射毒液，或是除去维生系统，总是造下杀生的业。

问：因此，如果修行人表达要死的意愿，人们应该提醒他，在做这个决定时，会有业果。

师：对的。

问：现在有人辩论说，人有死亡的权利。你的看法如何？有些人很老、很衰弱，或者非常痛苦，他们希望死。在某种情况下终结自己的生命，是不是可以接受？

师：从基本的佛教观点来说，这些例子中没有一个是可以成立的。业指出不管人们是健康或不健康、年轻或年老、有用或无用、知道或不知道，他们的所思、所言、所行都会招致相应的结果。我们也必须认清特殊的因果关系，业可以直接影响到一个人，也会间接影响到相关的每个人。

比方说，一个人必须照顾年老、多病、受苦或逐渐死亡的个人，其实是在为前业受报。这个人是用正面或负面看这件事，全看他的态度而定。这些情况不只影响到个人，也影响到所有相关的人。业的作用不可思议，我们只能知道最粗浅的皮毛。因此，让人脱离痛苦，而把它解释为慈悲的或利他的行为，到头来可能是无知、自私的行动，因而会有很严重的业果。

在佛法的教诲中，有一篇名为《二入四行》的文章。首先就是修习报冤行，偿还自己的债。第二个就是随缘行，修习按照因缘而行。第三个就是无所求行。第四个就是称法行，意味着按照各个法如实的情况来处理。因此，如果人们受苦，我们应该试着帮助他们，如果有现代医药的话，也该使用。但如果我们不能帮助他们，那么他们的受苦也是业，因此我们应该如实地看待痛苦。人们不能武断地结束自己或他人的生命，而不顾个人的情况或知觉的状态。一旦取了一条生命，就违反了佛法的基本原则。至于以自焚的方式牺牲生命，也是不可取的。释迦牟尼佛从没教弟子自焚，那是生命的浪费。

在释迦牟尼佛的时候，有一群得到阿罗汉果的人有个奇怪的观念，认为得到阿罗汉果之后，就没有什么事情好做的了。他们认为生命是无用的，干脆死了算了。同时，其他觉得已经解除烦恼的人，却害怕有一天烦恼会再回来，因此决定自杀以省掉这个麻烦。在很短时间内，许多阿罗汉和自认是阿罗汉的修行人都自杀了。释迦牟尼佛听到这个消息时，就禁止这么做。

问：我们再多谈谈植物人的情况。现在的科技能使在正常情况下该去世的人靠着机器继续活下去。怎样看待这种情况？

师：现在既然已经有了这种科技，就应该使用，尽量让这些人活下去。这又回到了所谓如实对待各种法。这其实是个人态度的问题。如果没有这种科技，就不会有问题。当能使用机器时，能选择用或不用。其实，这是一种被动的帮人死亡的方式。

问：如果通过了法律，规定在某些情况下可以执行安乐死，而我们在规定的情况下遵循这条法律，那又牵涉到何种业?

师：如果通过了法律，或者说当地的文化习俗在一个人极端痛苦时可以杀掉他，或允许植物人死亡，那就看我们是不是有选择。如果我们没有选择的余地，那依然是造业，却是共业；如果是由个人来选择，那就是别业。

问：我的生命中曾遭遇过这种情形。母亲陷入昏迷，无法恢复。医师说她无法再醒转，但他们能无限地延长她的生命，然而医疗费用非常庞大。有一天母亲出现在我心中，很清楚地告诉我，说她很久之前就已经离开了这个肉体，要我顺其自然让她的身体死去。

师：从佛法的观点来讲，我们对这些灵异经验不该绝对地相信。所有这些经验——跟灵或死去的亲戚打交道，不管是直接的或通过灵媒，没有一样是可靠的。我不是说这些经验不是真的，而是说它们不可靠。如果相信这种现象，那么你总是要找它，就会逐渐执著、依赖它，以这种方式来看世界。是的，那可能是真的，但也可能是从你自己的意识中产生的。谁又能断言在你之前出现的幽灵是你母亲的灵魂？那很可能是你自己的想像（译按：此二句为列印稿所加）。

另一方面，这种经验可视为在灵修上很有价值。我们不能说佛教徒不该或没有这种经验。其实，许多佛教徒的确体验到这种现象。但只是因为体验到某事，并不表示那件事就绝对是真的。

问：假定有一个肉体陷入昏迷，无法恢复，而被判定为脑死，也就是说，脑的较高功能已经停止作用，而且没有可能恢复，还能运作的就只是控制生命功能的脑干。假设没有超自然的方式与那个灵魂接触，来指引人来关闭机器。换句话说，我们所能依赖的只有现代医学和我们自己的判断。那时关闭机器，让肉体顺其自然，是不是比较慈悲？

师：我要问的是，这是对谁慈悲？如果那人陷入昏迷，那么就无法知觉到任何事。如果自我已经离开，肉体依然还在，那也就没有问题了，那是对活着的人慈悲。

在这些情况下，我们不确定肉体中是否依然存在着自我。有可能自我已经离开，甚至已经开始了新生，也有可能依然执著于肉体，谁又能断言呢？即使灵媒告诉你，自我已经离开了，又如何断言灵媒是正确的？如果那个人的灵魂直接告诉你说，肉体已经没有生命，又如何能确定真的是那个人的灵魂？那可能是你自己的想像，也可能是鬼神戏弄你，然而你终究必须做决定。佛教并不明白告诉你什么能做、什么不能做；它讲究的是因果。你能自由行事。如果你认为结束维生系统，让身体消逝，是对所有的人最有利，那么就按照自己的决定去行事，而你的行动就会有后果。至于这个后果是好是坏，是轻是重，在任何情况下你都不会知道果会什么时候发生——就像你现在所经历的，正是以往所做的事的结果。现在的生命是以往行动的结果。你知道你现在的果是从哪里或从何事而来的吗？你现在所做，就为未来的结果播下种子。天上并没有神在计算你的功德，来判断你、宽恕你或处罚你，完全是你自己的行动（译按：本章原为第一版第三十六章，不见于第二版）。

佛教、道德与医学科技

问： 我想请教有关代理孕母的争议。有位妇女为一对夫妻担任代理孕母，但后来她要自己保有那个小孩，造成很丑陋的法律战，引起了很严重的问题。就个人而言，人们可以随意处置自己的身体，但作为一个社会，我们如何划清界线呢？代理孕母、人工受精、器官捐赠，很多人做这些事只是为了金钱和个人的利益。以任何代价来维持、创造生命，甚至意味着危害或损及他人的生命也在所不惜，这种做法是正确的吗？宽容这种牟利的行为是正确的吗？你对这些争议有何看法？

师： 我们先从代理孕母和人工受精说起。我听过另一个故事，一个母亲用自己的身体为女儿培育婴儿，因此她所生的其实是自己的外孙女。身为佛教徒，我们能说那是可以接受的，也能说是不可以接受的。为什么是可以接受的呢？因为佛教徒认为，生命的缘起来自许多因缘的聚合。生命不限于人类，我们不该区别不同的生命形式，认为一个物种比另一个物种更高等或更重要。

在动物界，人工受精已经很普遍地运用在养鱼、农场的动物，稀有和濒临绝种的物种。在许多情况下，这是为了慈悲的理由所做的，在其他情况下，则是为了经济上的剥削。如果我们反对人工受精和代理孕母，就不该分高下，一体适用。因此，我们这个社会如果接受动物界的人工受精，那么应该也能接受应用在人类身上。

根据佛法，我们对于出生在这个世界的生命没有太大的控制力。如果生命要出现，即使我们在一个情况中阻止它，它也会在其他地方出现。一个生灵的出现，是为了要接受前业的业果或报应。而且，新生命可能会接触到佛法，而开始追寻佛道。如果人工受精协助这种情况发生，那就是好事。

然而，在一些情况下，我认为佛教会反对这种事情。人们求助于人工受孕，可能是因为自己生不出健康的孩子。我们延伸这个议题：人们也许对于基因工程感兴趣，希望能生出更好、更健康、更聪明的子女。从佛教的观点来看，代理孕母基本上没有什么错，人工受精和基因工程也是如此。但以你所说的那个例子，或我所说的妇女生下自己的外孙女这个例子来看，这些情况都搅乱了事情的常态，势必引发问题。佛教反对任何搅乱正常人类关系或事情常态的事。

佛教强调的是顺其自然。如果一对男女会有小孩，那么就会有。如果不会有小孩，就不会有。当然，我们可以说，使用人工的方式只不过是改变缘或条件，让生命出现，因此并不是不自然；但这依然是人工设计的，并不完全自然。通常，阻碍事情的自然状态时，问题就会产生。科技进步产生了很多好事情，但总是会有副作用的。

有关代理孕母和买卖器官这种剥削式的行为，如果妇女把子宫出租给另一位来培育小孩，或者为了金钱而割舍自己身体的一部分，那就违反了事情的自然秩序。人之所以有这个身体，就是要你这辈子使用的，应该珍惜它，不该为了短期的利益而毁掉它。

出于慈悲的捐血或捐赠器官，则是另一回事。只要能保证对捐赠者没有害处，这些都是好事。但为了金钱把自己身体的一部分卖给别人，冒自己生命的危险或损害自己的健康，那是不能接受的。佛教反对这种做法。这有没有回答你的问题？

问：回答得好极了。在我看来，佛教以相对的方式来面对所有事情。比方说，一个社会可能按照民主的原则来判断事情，但这些原则在佛法看来并不见得能接受。凡是适合自然秩序的，或能使人离苦得乐的，似乎都受到佛教的支持。

你说佛教反对任何搅乱正常人类关系和违反事物自然常态的事。代理孕母和其他一些事，不都是因为科技不正常地发展而出现的吗？

师：你所谈的是普遍的道理，而且要我以佛教的观点来发言，提供能够涵盖所有情况的答案。其实，每个情况都不同，必须个别地考虑。而且，佛教讲的是因缘。既然这些科技已经发展出来，而且为人所使用，如果动机符合佛法，就没什么好反对的。如果一对夫妻想要有小孩，却不能以正常的方式得到，也许会寻求其他的选择方式。如果这些选择方式有效，而且每个人到头来都觉得满意，那又有什么错呢？在正常、自然的情况下，女人是生子女，而不是生孙子女，但现在这种科技存在了，如果这么做不会造成彼此太大的痛苦，为什么不做呢？到头来，我们必须就每个个案来探讨。

问：你说佛教反对违反自然秩序的事。从我的观点来看，不管是出于慈悲而捐赠器官，或出于贪婪而贩卖器官，都是不自然的。它们的结果是一样的，动作是一样的，唯一的区别在于动机。请师父进一步开示。

师：如果你的主张是佛教比较关心行为的动机，而不是行为自不自然，那么你是对的。我们应该更强调动机，也就是出于贪婪或慈悲，而不是自不自然。

如果纯粹出于慈悲而捐赠器官，为了救治另一个人的生命，而医师也合理地判断你在手术后能存活，过正常的生活，那么佛教就支持这种行动。但如果是为了金钱，那么佛教就反对。同样的，如果妇女提供身体为另一个人生育小孩，而且无条件地这么做，那就可以接受。但如果把子宫转变成旅馆，那么佛教就反对。

如果捐赠器官，而不接受金钱，但相信你将来会因为你的行动得到善业，那又错了，因为你的动机依然是贪婪，还是以商业交易的方式来思考（译按：本章原为第一版第三十七章，不见于第二版）。